中国房地产数据研究院城市进入量化研究课题组

城市大格局下的
中国房地产企业投资选择

陈 晟 // 著

中国建筑工业出版社

图书在版编目（CIP）数据

城市大格局下的中国房地产企业投资选择/陈晟著.
—北京：中国建筑工业出版社，2019.1
ISBN 978-7-112-23127-0

Ⅰ.①城…　Ⅱ.①陈…　Ⅲ.①房地产企业–投资–
研究–中国　Ⅳ.①F299.233.44

中国版本图书馆 CIP 数据核字（2018）第 294950 号

本书是由作者领衔的"城市进入量化研究"课题组所完成的一本具有教科书性质的专著，总结了中国城市大格局的现状以及城市选择的理论和逻辑。首次正式阐述了由作者原创的 110 模型和 PIPR 模型。本书在构建扎实理论基础的同时，强调内容的实操性结果的可回溯性，将为致力于城市研究的读者在城市选择领域中的实践提供一条思路。相关的城市进入理论研究需要长期迭代进化，详情可通过书本以外的软件产品"房地产总裁决策桌"获得。获取方式详见中国房地产数据研究院官网 www.zfsj.org。

责任编辑：周方圆　封　毅
责任校对：王　瑞

城市大格局下的中国房地产企业投资选择

陈　晟　著

*

中国建筑工业出版社出版、发行（北京海淀三里河路 9 号）
各地新华书店、建筑书店经销
北京佳捷真科技发展有限公司制版
廊坊市海涛印刷有限公司印刷

*

开本：787×1092 毫米　1/16　印张：11¾　字数：227 千字
2019 年 2 月第一版　　2019 年 2 月第一次印刷
定价：**38.00** 元
ISBN 978-7-112-23127-0
（33206）

中国房地产进入翡翠十年，第一步必须思考的问题就是如何"赌石"——选择对正确的城市和正确的进入时点。第二步就是"雕石"，匹配优秀的产品和生活方式，由原石雕琢出"翡翠白菜"。第三步是"养石"，通过运营社区、商业、产业空间达到养护宝玉的过程。

中国房地产数据研究院城市进入量化研究课题组

陈晟

作者简介

陈晟 中国房地产业协会房地产市场与住房保障研究分会副主任，中国房地产数据研究院执行院长，复旦大学房产政策研究中心秘书长。

社会职务：国家发展和改革委员会国家信息中心新型城镇化研究课题组联席组长，全国房地产商会联盟上海副会长，同济大学房地产校友会常务副会长兼秘书长，上海投资咨询公司专家组专家。中国商业房产联合会副理事长，同绿建筑学会副理事长，中国房地产50人论坛成员。复旦大学、同济大学、浙江大学、交通大学、清华大学、长江商学院、北京大学等房地产董事长、总裁班授课专家，中国银行、中国建设银行、招商银行、中国工商银行房地产特邀培训专家，美银美林、Jefferies、三星、野村证券、巴黎银行、瑞士银行、巴克利特邀房地产行业专家。

致力于房地产区域经济研究以及房地产土地金融研究和实践，多次参与住房和城乡建设部、中国房地产业协会、中央财经领导小组办公室、银监会、国务院法制办、中国人民银行等内部政策制定及研究研讨会，参与海尔地产、万科、绿城、证大、远洋、上海置业、上国投、华夏幸福、金地、旭辉、保集、国盛、中虹、上实、农房、三盛宏业、复地、新城、城建、鹏欣、张江等众多企业咨询指导。

《中国房地产百强 MBA 案例》《中国房地产品牌价值研究理论与实践》《中国房地产满意度指数理论与实践》《中国房地产指数月报》《产城融合（城市更新与特色小镇）理论与实践》等书籍、杂志的主要编委。多次担任全国房地产百强企业研究、品牌价值研究、房地产上市公司研究峰会、商业地产百强峰会、产业地产百强峰会、房企市值管理峰会的嘉宾主持。其长期致力于房地产区域经济研究、房地产土地金融研究和实践。作为房地产业内专家，其大量文章和观点被国内外众多媒体刊登和转载，主要发布在新华社、中新社、《人民日报》《新闻晨报》《国际金融报》《中国房地产报》《解放日报》《文汇报》《新民晚报》《东方早报》《每日经济新闻》《第一财经日报》《上海楼市》《新民周刊》《财经》《财富周刊》、新加坡《联合早报》、美国《美洲华侨报》《华尔街日报》、各大主要电视台以及众多网络等权威媒体机构。上海社科院、住房和城乡建设部信息中心、香港凤凰台、第一财经、新华社等多家机构就房地产业内各种问题对其进行多次专访，并将其观点作为专家意见发布和应用。

中国房地产数据研究院是目前中国最大的房地产专业研究机构之一，

是一家由国内外几十位专家和多家学术机构共建的全方位服务于中国商业经济的研究机构。

研究院目前主要致力于对房地产业的基础研究、专题研究和顾问服务；实时监测房地产市场的变化，为产业发展提供客观真实、庞大的数据库和科学的理论依据；专业数量研究，分析房地产市场价格走势和评价行业领先企业群体；集合专家智慧，以前瞻性的眼光为企业发展和项目投资制定战略。

研究院目前数据库覆盖了全国 100 个大中型核心城市。拥有中国最大、最全、最新的房地产项目数据库，提供全国超过 20 万个物业项目以及商业项目的详细资料。

研究院 23 年以来一直致力于房地产调查与研究服务，积累了丰富的研究经验，建立了中国最为庞大的房地产数据库、完善的市场监测和调查体系。先后完成 1000 多个专项调查；为 500 多家企业提供市场监测服务；完成 9000 多万平方米房地产项目的可行性研究和市场定位服务；为 200 多家企业提供企业战略、管理咨询和品牌规划服务。

地址：上海国定路 400 号复旦综合楼西 5 楼

电话：021-55138098

自序

中国房地产数据研究院的使命就是帮助中国房地产行业，使其可以高效、健康、绿色、协调、稳定地持续发展。经过三十多年的发展，中国房地产业在住房总量、城市面貌、从业队伍、经济贡献方面的表现可圈可点，众多著名企业所代表的发展路径也是百花齐放。二十多年来的房地产研究也是敢于立在世界房地产研究潮头。以数据为核心基础的政策战略研究、指数研究、企业战略实战研究、城市进入研究、产城融合研究、城市更新研究，这一系列的成果都是紧跟时代脉搏，在企业高要求之下迭代出来的成果呈现。

我们将继续坚持"非学术无以定其基，非研究无以探其源"的精神，敢于坐冷板凳，出热成果，利用新颖的大技术手段，将最新数据挖掘技术和科学严谨模型相结合，为政府、为企业、为消费者贡献经得起实战检验的研究成果。数据资源、专家资源、平台资源、企业资源、产业资源、城市选择理论资源，将在中国房地产数据研究院的协同下为从业者创造更大价值。研究创造价值，数据创造价值！

无论规模和发展阶段如何，城市选择永远是中国房地产企业思考未来蓝图的一个基础图景，而城市选择的结果也决定了房地产企业未来的占位，希望《城市大格局下的中国房地产企业投资选择》这本书能够在中国波澜壮阔的城市格局研究和城市选择研究的道路上起到一些理论总结和实践探索方面的作用。

感谢中国房地产数据研究院团队的辛勤付出，感谢陈昊堃、青长、刘纪珍、黄际芳、陈湘源的后勤支持，感谢中国建筑工业出版社封毅老师的协助，感谢行业大咖、城市选择的点睛手林中、陈凯董事长、同济房地产校友陈劲松、孙益功董事长的推荐，感谢在此研究过程中一系列著名企业和机构的研究支持和帮助（万科、绿地、华夏幸福、华润、复旦、同济、财大、复星、天鸿、保集、金茂、远洋、阳光城、三盛宏业、光明、同策），在此一并感谢！

中国房地产数据研究院院长　陈晟

前言

城市是人类文明的最重要载体，每一次人类文明形态的更迭，都会导致新型城市的出现。中国城镇化进入了新阶段，伴随着城市群、都市圈的崛起，城市群将成为未来中国城镇化的主体形态。从发育水平来看，目前，长三角、珠三角、京津冀、成渝四大城市群，构成了中国城市群的"钻石框架"。同时，我们正经历人类文明的又一次大升迁，即从工业时代升级到数字时代，在这样的大趋势之下，中国城镇化的后半程，中国城市发展将向何处去，城市格局是否重新洗牌，都需要探求和数字预测。

而房地产的"黄金时代"已经过去，接下来是房地产的"翡翠时代"，城市的选择对房地产企业越发重要，是房地产企业规模化扩张的命脉所在，也决定房地产企业未来几十年的占位和存亡。因此思考城市选择的内在逻辑具有极大的理论和现实意义。

本书是中国房地产数据研究院城市进入量化研究课题组所编写的一本具有教科书性质的专著，总结城市大格局的发展以及我们对于房企城市选择提出的理论和实践，覆盖不同地理尺度，不断进行行业实践迭代，具有较强的行业导向作用。其中的110模型和PIPR模型是我们在对"城市选择"长期思考和实践中所形成的原创性成果，将为房地产企业城市扩张选择中的实践提供一条捷径。

回顾过去，我们持续创新，充满研究自信；展望未来，我们不忘初心，砥砺前行，携手共修。希望本书的出版能加强行业沟通交流，促进各方互相学习借鉴，在城市发展和房地产城市研究迈上新台阶的重要时期同心协力，为加速推动我国正确有效不浪费资源、不重复建设的新型城镇化进程作出行业贡献。

目录

城市大格局篇

第一章
城镇化研究

（一）什么是城镇化

1. 城镇化概念

城镇化是一个历史范畴，同时它也是一个发展中的概念。所谓的"城镇化"是指农村生产要素不断向城市迁移与聚集的历史过程（图1-1）。具体表现为：

（1）绝大多数农村人口逐渐进入城镇生活并与城镇市民融为一体；

（2）非农产业不断向城镇聚集并成为地方经济发展的支柱；

（3）农村的地域自然景观、产品产业结构、生产生活方式、社会组织体系、行政管理制度等也随着城镇化的发展而变化，使整个社会形态由传统的乡村社会向现代的城市社会转型。

在城镇化的下半场 房地产行业依旧将是最受益的行业之一
产业转移、人口流动、财富增长 都将带来房地产行业的增量空间！

图1-1　城镇化过程中房地产业持续发展

2. 城镇化标志

（1）城镇人口增加；

（2）城镇数量增加；

（3）城镇用地面积扩大；

（4）城镇产业结构升级。

城镇化是"五个过程的统一"：第一，城镇化是城市人口比重不断提高的过程；第二，城镇化是产业结构转变的过程；第三，城镇化是居民消费水平不断提高的过程；第四，城镇化是城市文明不断发展并向广大农村渗透和传播的过程；第五，城镇化过程是人的整体素质不断提高的过程。

3. 城镇化快速发展阶段

城镇化就是指农村人口转化为城镇人口的过程。反映城镇化水平高低的一个重要指标为城镇化率，即一个地区常住于城镇的人口占该地区总人口的比例。改革开放以来是中国城镇化快速发展（图1-2）。

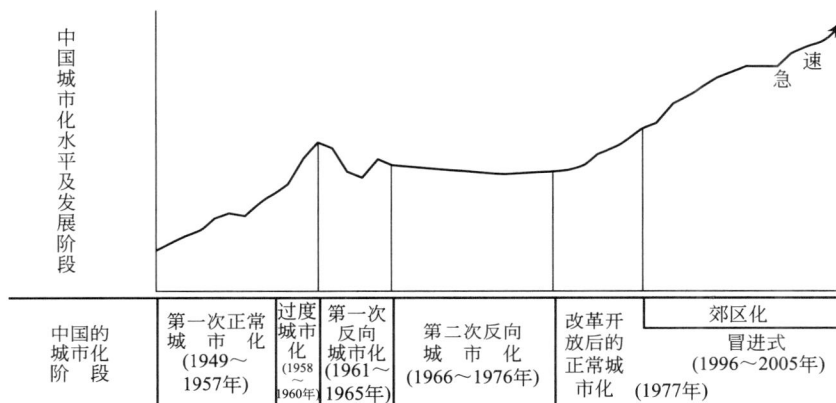

图1-2 中国城市化水平及发展阶段

4. 国外经历

城镇化率从20%到40%，各个发达国家经历的时间如下：英国120年，法国100年，德国80年，美国40年（1860~1900年），苏联30年（1920~1950年），日本30年（1925~1955年）（图1-3）。

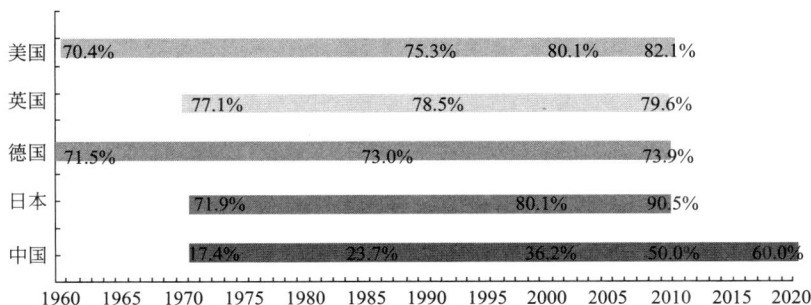

图1-3 主要发达国家与中国城镇化历程对比

5. 中国经历

改革开放以来是中国城镇化发展最快的时期。1981~2003年，我国城镇化率从20.16%到40.53%只用了22年。进入2000年后，这一进程进一步加快，12 年间城镇化率提高了 16.4（36.2%～52.6%）个百分点，平均每年就提高 1.36 个百分点（图 1-4）。

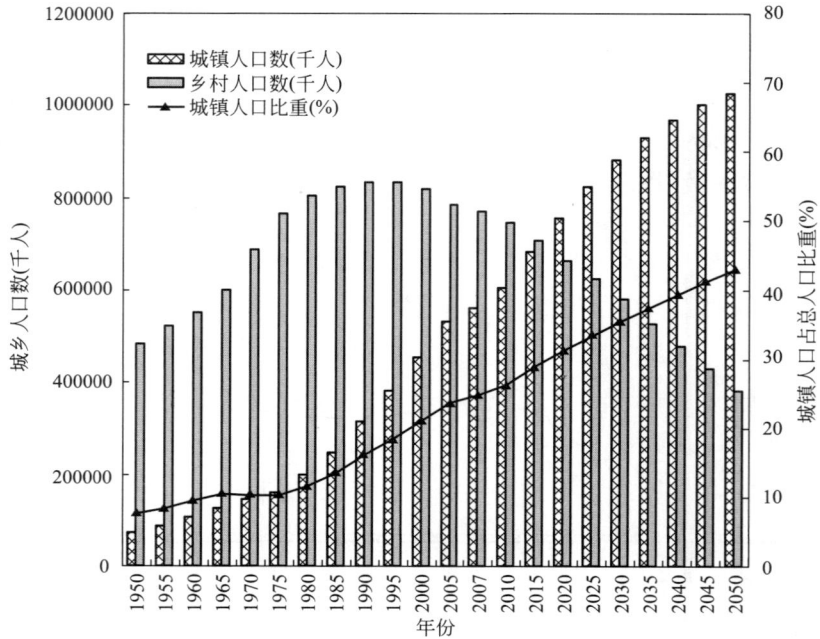

图 1-4 城乡人口及城镇人口占比

6. 城镇化是工业化的必然结果

从人类城镇化阶段性看：城镇化发展呈现典型的 S 形曲线，在城镇化的初级阶段和中级阶段前期，工业化是城镇化的主动力，工业化进程和城镇化进程往往呈明显的正相关（图 1-5）。

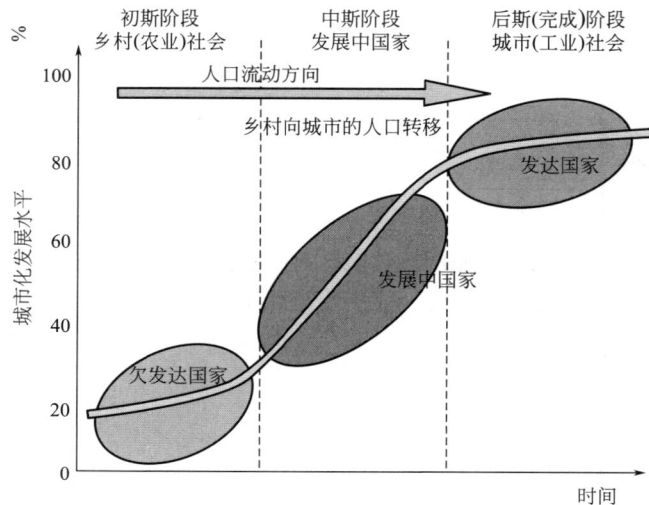

图 1-5 城镇化发展历程

城市大格局下的中国房地产企业投资选择

（二）新型城镇化

新型城镇化是以城乡统筹、城乡一体、产城互动、节约集约、生态宜居、和谐发展为基本特征的城镇化，是大、中、小城市、小城镇、新型农村社区协调发展、互促共进的城镇化。新型城镇化的核心在于不以牺牲农业和粮食、生态和环境为代价，着眼农民，涵盖农村，实现城乡基础设施一体化和公共服务均等化，促进经济社会发展，实现共同富裕。

研究院专家访谈1

城镇化依赖资源低成本模式难以为继。过去城镇化快速发展所依赖的资源低成本模式在新时期是难以为继的，未来土地、劳动力、环境等资源的成本都会上升，因而需要用新的思维方式考虑在未来10年里如何推进城镇化。

进城农民必须有相应保障。我国的城镇化确实从内在的增长动力来看还有非常大的余地，有非常大的潜力。在城镇化推进过程中，必须重视粮食和其他重要农产品的供求关系问题，而农民进城之后务必保证住房、社会保障和随迁子女就学问题。

城镇化质量重于数字。

第一，城镇可以持续发展，可持续发展需要很多东西，比如农业发展，农产品供给，没有供给城镇怎么能够发展呢？所以要处理好和农业的关系。第二，要处理好和区域之间的关系。第三，要处理好产业布局，因为产业关系到就业，就业关系到人口分布，关系到一系列的问题，相互之间必须协调好关系处理，这是提高质量的一个内在因素。再者，城镇一定要有包容性，对外地人、对农民、对来自世界各个方面，没有包容性的城市怎么发展？所以，一个协调，一个包容，一个可持续，这是它的质量。

研究院专家访谈2

城镇化涉及政策制度调整无法一蹴而就。城镇化是什么，表现为结果？我们是城镇化率要提高，静下心来想，城镇化不单单是户籍问题，让农民进城，让农民进城意味着什么？不是户籍，他要享受市民待遇，享受市民待遇，小孩要上幼儿园，上小学、中学，教育问题，医疗问题，养老问题，这些问题说穿了是钱的问题，是财政拿钱的问题，地方财政能不能拿、怎么拿。

第二，农民要长期住下来，住下来他要有房子，怎么买房？尽管城镇的房比上海、北京便宜得多，但还要考虑怎么买房的问题，要住下来，要用清洁水，要用排水，要有污水处理、垃圾处理，要有煤、有煤气、有电、有道路，这就涉及城镇基础设施建设的问题。

第三，城镇化让农民长期住下来，刚才厉老师讲的两个老鼠洞变成一个老鼠洞，不仅仅自己的老婆孩子到城里住，把山沟沟里的父母也要接过来，长期住下来要有长期收入，意味着就业，在小城镇里如何就业？除了有条件的个别小城镇能够干一些大型项目，制造业，有可能的话可以搞些项目制造业，他来就业，更多的是要发展服务经济，发展劳动密集型的经济，而谁来投？

研究院专家访谈 3

城镇化的本质是农民进城。城镇化的本质可概括为四个字农民进城。就是将进城务工经商的农民转化为真正的城市居民，不仅为工业化提供人力资源，而且将不断扩大市场需求，为经济增长提供新的动力。

进城农民市民化、本地化、家庭化才是真正的城镇化。

中国城市化道路，应该是一个市场化过程。就业机会吸引着从业者的走向，而不是市场以外的力量去驱动劳动者的流动。这是企业市场选择的过程，是农民工自我选择的过程，不是政府设计的过程。产业应当按照合理的分布，比如小城镇应该有合理的产业，这样的人口会自动地集聚。

最大的挑战是农民工问题。首先报酬得有一个合理的水平，让他在城里的就业和收入能养活全家，这样才不会回到农村。第二，他们的福利得和城市居民一样，也就是"市民化"，这是城镇化的核心问题，就是他进了城，得和城里人有一样的待遇，你不能什么都不管他。第三，得有保障，这个保障不是政府提供的，他是自己为自己保障。

1. 新型城镇化：路径、内容与创新新型城镇化道路选择

新型城镇化是 2013 年下半年开始的。新型城镇化的逻辑主线（图 1-6）。

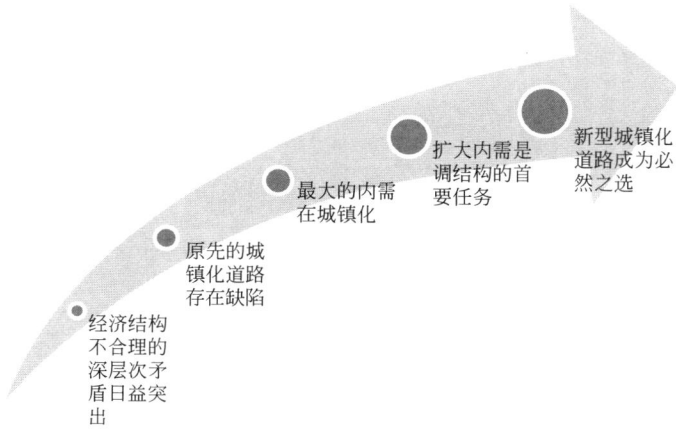

图1-6 新型城镇化势在必行

经济结构不合理的深层次矛盾日益突出

原先的城镇化道路存在缺陷

最大的内需在城镇化

扩大内需是调结构的首要任务

新型城镇化道路成为必然之选

2. 新型城镇化形式（图1-7、图1-8）

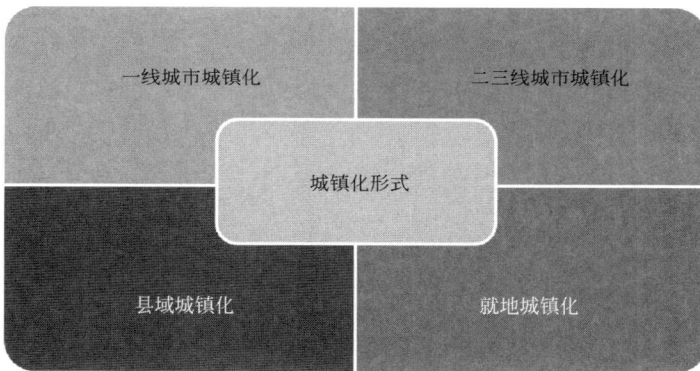

一线城市城镇化

二三线城市城镇化

城镇化形式

县域城镇化

就地城镇化

图1-7 新型城镇化四种形式（城镇层级维度）

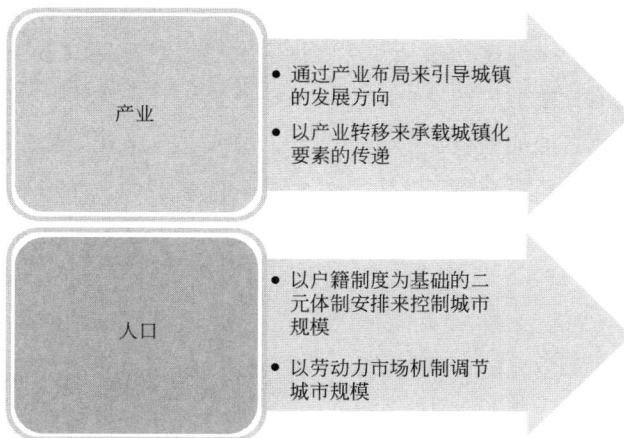

产业

- 通过产业布局来引导城镇的发展方向
- 以产业转移来承载城镇化要素的传递

人口

- 以户籍制度为基础的二元体制安排来控制城市规模
- 以劳动力市场机制调节城市规模

图1-8 新型城镇化两种形式（城镇化要素维度）

3. 新型城镇化重要内容（图1-9）

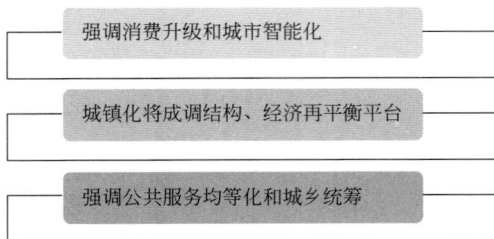

图1-9　新型城镇化内涵

4. 新型城镇化制度障碍与突破（图1-10）

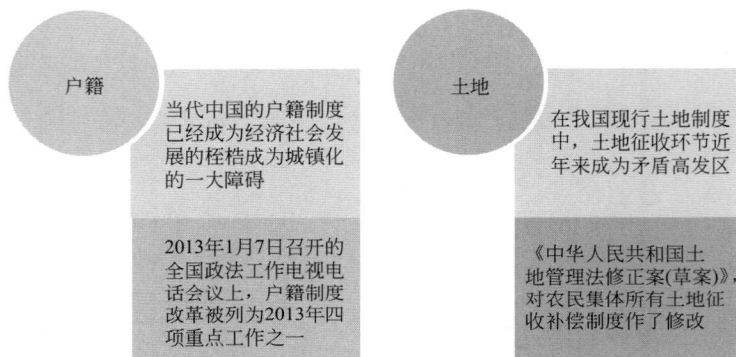

图1-10　新型城镇化制度障碍

（三）各地城镇化模式比较

典型：成都模式

成都的"城乡统筹"代表了国民经济的全局。成都的改革不仅涉及土地管理制度和政策的小调整，而且涉及现行国家征地制度的根本变革。成都的实践说明我国有比土地流转更根本、更基础的工作有待完成，即对农村各类土地和房产资源普遍的确权、登记和颁证。中西部地区难以复制东部地区经验，新的城镇化改革促进经济增量发展将很有可能出现在四川地区。虽然当前尚未言明增量改革的方向，但是四川地区综合配套改革将有可能会成样本向全国推广。

"三个集中"最后集中的主要是农民，2008年1月成都就计划启动农村产权改革，其中最重要的工作是确权。先把已有的资源划清楚，谁家的房子多大，宅基地多大，院盘多大，给一个法律表达，确定了资源的主体，然后开始议价。确权推动了土地市场化的流转，搭建了农村集体土地交易的平台。成都最成功的做法就是在确权方面进行了地方统筹。这种地方统筹不是证券化，而是通过用增减挂钩政策加快农村产权改革。

多个城市的城镇化模式见表1-1。

各地城镇化模式比较 表1-1

模式	特点	内容
成都模式	以大城市带大郊区发展	主要做法是对土地确权颁证，建立农村土地产权交易市场，设立建设用地增减指标挂钩机制。以发展较好的区域作为起步点，确立优势产业，形成以市场为导向的产业集群。另外再配以农民的公共服务和社会保障，提高农民的生活水平
天津模式	以宅基地换房集中居住	天津的小城镇发展主要分为四种子类型：整体推进型、都市扩散型、开发拓展型和"三集中"型。主要做法为乡镇政府主导的"以宅基地换房"。 先解决搬迁农民的安置问题，然后通过土地集约增值的收益发展地区产业，解决农村居民的就业问题。将农民的集中居住与城镇化、产业化有机结合
广东模式	通过产业集聚带动人口集聚	广东模式又可以分为两条主线：一是珠三角模式，即以乡镇企业和民营企业集中的中心镇为发展依托；二是山区模式，即围绕着县城，发展专业镇。 珠三角模式的主要做法是通过产业集聚带动人口集聚，进而实现城市周边地区的快速崛起
苏南模式	以乡镇政府为主组织资源	苏南地区采取以乡镇政府为主组织资源方式。政府出面组织土地、资本和劳动力等生产资料，出资办企业，并由政府指派人来担任企业负责人。 苏南模式的主要特征：农民依靠自己的力量发展乡镇企业；乡镇企业的所有制结构以集体经济为主；乡镇政府主导乡镇企业的发展
温州模式	以个体私营企业为主体	温州模式是以个体私营企业为主体、迅速发展为推动力的区域经济发展模式。在温州，当地政府扶持个体私营经济，这是改革开放后地方政府有了自己可追求的利益，利用本地区可利用的资源，发展地域经济的方法
深圳模式	集体土地入市	农民在本乡本土通过改变身份进行就地"转移"；农民的土地使用是在特区成立后直接改变用途——由农业的种植用途改变为工商业用途；暂住人口在人数上大大超过常住人口，但他们与当地人的关系只是雇佣和被雇佣的关系，无论在政治上，还是经济上都未取得任何与常住人口平等的权利
南海模式	农村股份合作制	由股份合作组织直接出租土地或修建厂房再出租，村里的农民出资入股，凭股权分享土地非农化的增值收益。它的弊端是股民对合作组织监督困难
九龙坡模式	土地换社保、住房换宅基地	以土地承包权出租，或者以"土地换社保"。政府拿出原农村宅基地的20%左右，集中兴建新型农村社区，其他80%左右的农村宅基地指标置换为城市建设用地，用多得的土地出让金等收益来补贴农民购房
嘉兴模式	两分两换	"坚持以人为本，保障农民权益；坚持依法办事，积极稳妥推进；坚持科学规划，节约集约发展；坚持保护耕地，确保粮食安全。"徐勇介绍，在做法上，坚持规划先行，创新推进模式，允许各个地方自己按照实际去创新；注重政策配套；突出农民主体，尊重农民意愿，并采取试点先行

（四）城镇化与工业化

中国城镇化存在巨大发展空间。

现有的中国城镇化落后于发达国家，也滞后于自身的工业化水平（图1-11）。

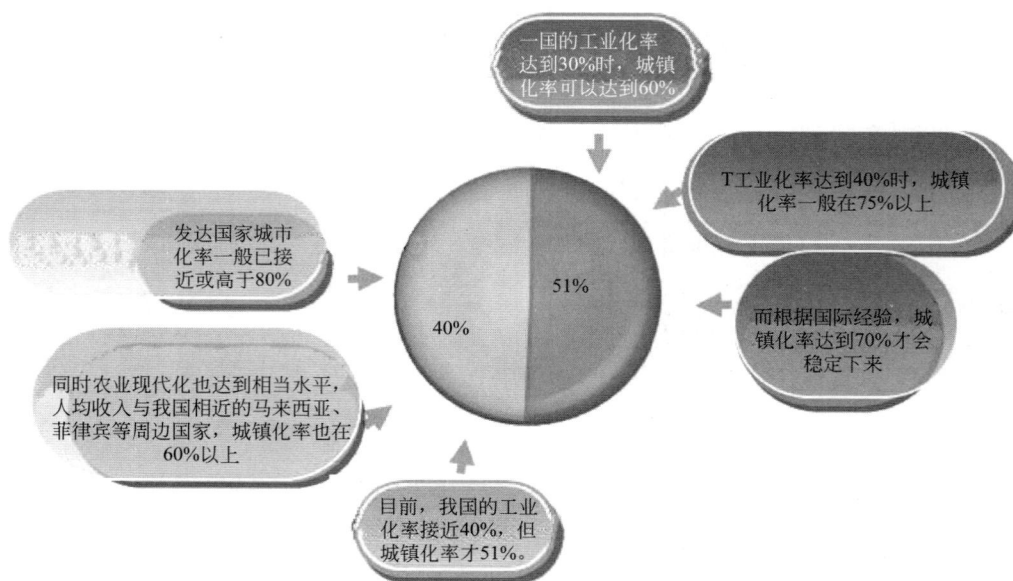

图1-11　城镇化与工业化差距

研究院专家访谈4

A. 城镇化带来房地产业发展空间。

中国城镇化之路已走过30余年，以常住城镇人口占全国人口比例衡量的城镇化率，从1978年的17.9%提高至2012年的52.6%。但是中国城镇化水平仍然相对滞后于经济发展阶段和工业化水平。李克强总理在2012年初明确指出，城镇化的核心是人的城镇化，不能人为"造城"。

联合国《城市的繁荣2012/2013》中预测，到2030年中国城镇化率将达到61.9%，分最保守、中性和乐观三档预测中国的新增城镇人口，以人均住房面积31.06平方米计算每年新增住房需求面积（表1-2）。

《城市的繁荣2012/2013》预测值　　　　　　　　　　　表1-2

预测态度	新增城镇人口（亿人）	每年新增住房需求（亿 m²）
最保守	2.5	4.09
中性	2.7	4.41
乐观	3.0	4.90

B. 人口转移方向有所变化（图1-12）

城镇化上半场　农村→县城⋯县级市→地级市→二线城市⋯省会城市→一线城市

农村→县城⋯县级市→地级市→二线城市⋯省会城市→一线城市

城镇化下半场

二线城市
省会城市　　➡　生态环境或大中城市的周边
一线城市

图1-12　人口转移方向的变化

　　城镇化下半场的产业特征使人口进一步往大中城市迁移，但数量逐渐递减（图1-13）。

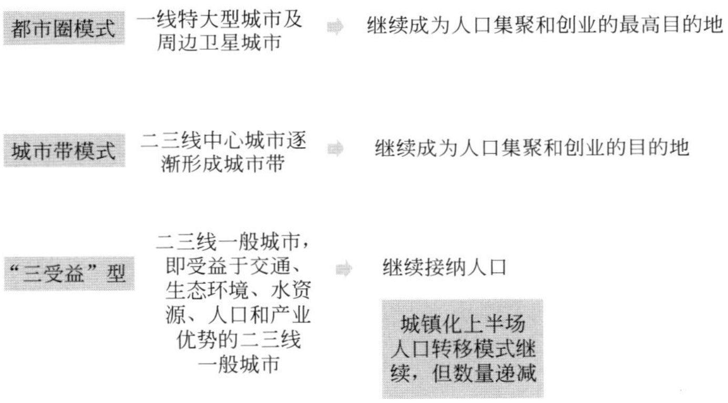

都市圈模式　一线特大型城市及周边卫星城市　➡　继续成为人口集聚和创业的最高目的地

城市带模式　二三线中心城市逐渐形成城市带　➡　继续成为人口集聚和创业的目的地

"三受益"型　二三线一般城市，即受益于交通、生态环境、水资源、人口和产业优势的二三线一般城市　➡　继续接纳人口

城镇化上半场人口转移模式继续，但数量递减

图1-13　不同模式下城市接纳人口特点

📑 研究院专家访谈5

统筹—时机—保障

　　工业化、农业现代化、城镇化"三化统筹"，用城镇化一肩挑两端；先工业化，城镇化需要工业等实业来带动，许多人需要工作岗位进入城市，农村地区实行农业现代化。三大城市群用了4%的国土，居住了18%的人口并产生了40%的GDP。所以关键问题是要把产业集中，通过产业集中来带动人口的聚集和经济的规模效应。

前 30 年，城镇化从 10% 到 18%，是非常缓慢的。后 35 年，城镇化从 18% 到 52%，实际城镇户籍人口只有 35%；城市的社会政策跟不上，就容易形成了贫民窟，"回不去的乡村，进不去的城"，城市对农村的影响传播（文化、知识、技能）也带动了农村的发展，且土地的城镇化与人口的城镇化要匹配；控制人口转移的速度，引导人口转移的流向，是一个自然演进的结果，弱化政府的作用。

进行交通、就业、生活、医疗、教育等基础设施的建设，发展小城镇，不大兴土木，减少政府负债；改革户籍制度，户籍制度的背后就是社会保障的就业，农业人口进城，未来新增 2.5 亿城镇人口，一个农民工一年全保 1 万元，资金投入将达 25 万亿元人民币，同地同权同价，获得市民待遇。

研究院专家访谈 6

城镇化带来机遇和挑战

中国近 10 年来，房地产业获得了巨大的发展。城镇化率达 40% 之后，住宅的销售额和销售量会急剧上升，这是通过美国、日本等国家的城市化得出的共同规律，从 1978 年到 2011 年，中国经济规模的复合增长率近 10%，同期城镇化率由 17.9% 升至 51.3%。2002 年，中国的城镇化率达到 40%，房地产业也开始快速发展（图 1-14）。

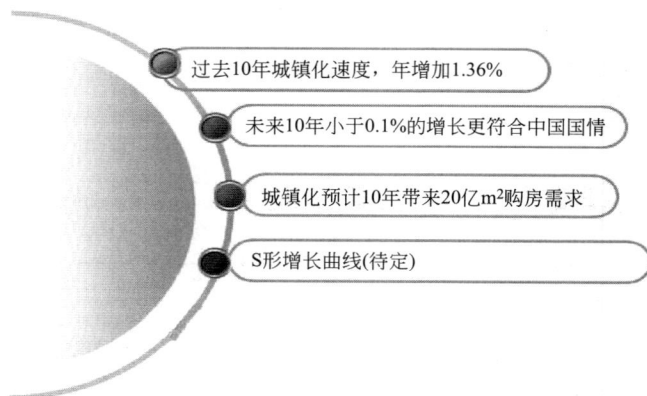

- 过去10年城镇化速度，年增加1.36%
- 未来10年小于0.1%的增长更符合中国国情
- 城镇化预计10年带来20亿m²购房需求
- S形增长曲线(待定)

图 1-14　城镇化率特征

1. 城镇化高速方案下的新增需求以及销售面积预测

城镇化率以每年 1% 速度增加，以城镇化率为自变量，商品住宅销售面积为因变量，计算二者之间的回归方程，方程拟合较好，方程和系数拟合较好，得到回归方程：

$$Y = -171656.195515918.154X$$

按照高方案，到 2023 年当年仍有 23189.45 万平方米的新增购房需求，销售面积为 158531.42 万平方米，2013 年到 2023 年，累计新增需求 242823.81 万平方米，为 2012 年商品住宅实际销售面积的 2.47 倍（表 1-3）。

高速城镇化下新增需求及销售面积 表 1-3

年份	预计城镇人口（万人）	预计城镇化率（%）	预计新增潜在购房需求（万 m²）	预计商品住宅销售面积（万 m²）
2018	74282.02	59	22063.97	132735.52
2019	75024.84	60	22284.61	1378947.0
2020	75775.09	61	22507.45	143053.88
2021	76532.84	62	22732.53	148213.06
2022	77298.17	63	22959.85	153372.24
2023	78071.15	64	231894.5	158531.42

2. 城镇化中速方案下的新增需求以及销售面积预测

按照中方案（城镇化率每年增加 0.8%），2023 年当年有 18187.46 万平方米新增购房需求，销售面积为 153372.24 万平方米。2013 年到 2023 年，累计新增需求为 192309.15 万平方米，为 2012 年商品住宅实际销售面积的 1.95 倍（表 1-4）。

中速城镇化下新增需求及销售面积 表 1-4

年份	预计城镇人口（万人）	预计城镇化率（%）	预计新增潜在购房需求（万 m²）	预计商品住宅销售面积（万 m²）
2018	73403.82	58	17477.10	127576.33
2019	73991.05	59	17616.92	132735.52
2020	74582.98	60	17757.85	137894.70
2021	75179.65	61	17899.92	143053.88
2022	75781.08	62	18043.12	148213.06
2023	76387.33	63	18187.46	153372.24

3. 城镇化低速方案下的新增需求以及销售面积预测

即使是按照低方案（城镇化率每年增加 0.6%），2023 年仍有 13372.35

万平方米购房需求，销售面积为 133612.58 万平方米。2013 年到 2023 年，累计新增需求为 142786.87，为 2012 年商品住宅实际销售面积的 1.45 倍（表 1-5）。

低速城镇化下新增需求及销售面积　　　　　　　表 1-5

年份	预计城镇人口（万人）	预计城镇化率（%）	预计新增潜在购房需求(万 m^2)	预计商品住宅销售面积(万 m^2)
2018	72534.29	56	12978.30	118135.03
2019	72969.50	57	13056.17	121230.54
2020	73407.31	57	13134.51	124326.05
2021	73847.76	58	13213.32	127421.56
2022	74290.84	59	13292.60	130517.07
2023	74736.59	59	13372.35	133612.58

城市化与城镇化：长三角、珠三角、渤海湾。这三个区域有可能成为类似于纽约、伦敦、东京的特大型城市带，但是与世界级的城市相比，仍具有不少差距。其中，在以纽约为核心的东北部大都市连绵带，2% 的国土面积上容纳了 20% 的全国人口。韩国大首尔都市区连绵带有 5 个百万人口以上的城市（韩国此类规模城市共 6 个），人口占全国的 61%；而在日本，大东京都市区连绵带就有全国 50% 以上的人口，还集中了 80% 以上的大型企业。大都市区与传统的城镇比，人口和经济活动在地理上更集中，一体化更强，产业在大都市区的集中能降低交易和运作费用，有利于加速信息传播和技术创新，增加产业门类和产品种类，催生新兴产业，发展全球竞争力的产业集群。

中国城镇化的最大矛盾在于软性城镇化的人和硬性城镇化的地之间。

研究院观点 1：城镇化与国内经济发展正相关。

2000 年以来，我国城镇化水平持续快速提高，宏观经济持续向好且流动性充裕，GDP 和 M2 的复合增长率分别高达 14.8% 和 17.9%，累计增长 4.2 倍和 6.2 倍；居民收入水平上升，可支配收入和储蓄的年均复合增长率分别为 12.0% 和 16.4%，累计增长 2.9 倍和 5.2 倍。这一系列利好因素为房地产业提供了旺盛的需求，带动市场供应不断扩大；居民住房消费拉动行业投资规模上升，推动了我国房地产业市场规模的持续扩大（图 1-15）。

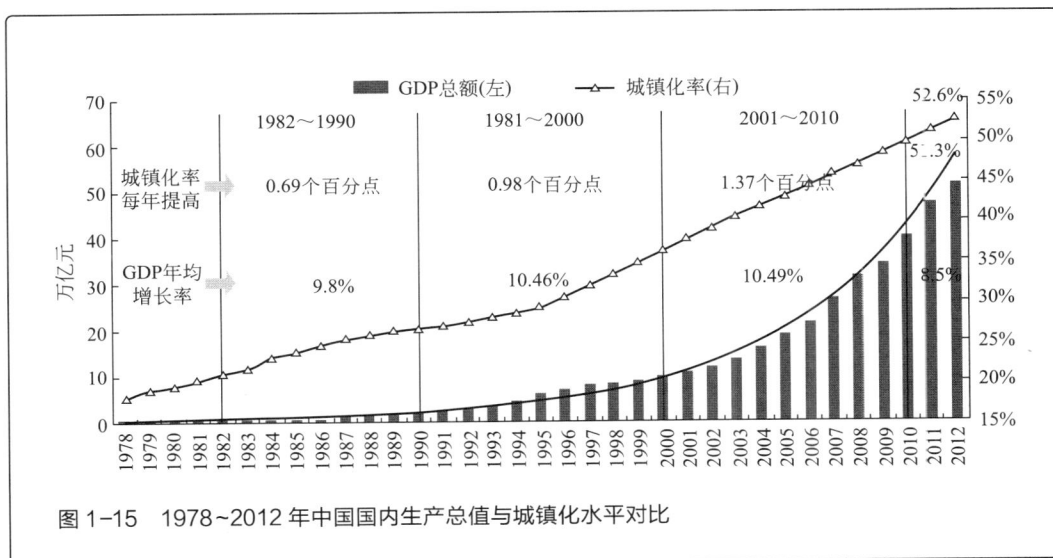

图 1-15　1978~2012 年中国国内生产总值与城镇化水平对比

研究院观点 2：城镇化与房地产发展正相关。

　　城镇化水平与房地产市场发展规模关系密切，与房地产销售、开发等各项指标高度相关。随着城镇化水平的提高和城镇人口的增长，住房需求日趋旺盛，我国商品房市场快速发展。2000~2012 年城镇化率与商品房销售额、房地产开发投资额相关系数均超过 0.95。2012 年商品房销售额 6.4 万亿元、开发投资额 7.2 万亿元，分别比 1998 年增长了 24.6 倍和 18.9 倍，年均复合增速分别达到 26.1% 和 13.8%。房地产业的发展速度大大超过了同期宏观经济发展，逐步成为拉动经济增长的支柱产业（图 1-16）。

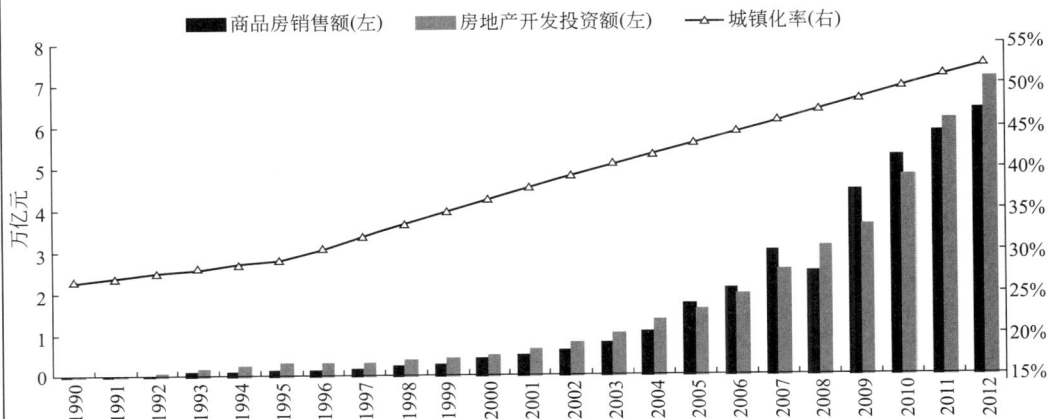

图 1-16　1990~2012 年全国城镇化率与商品房销售额、房地产开发投资额

随着城镇化进展，东部地区城镇人口增加最多，带来巨大住房需求，商品房市场规模最为突出。近十多年来，广东、江苏、山东、浙江等东部省份新增人口最多，同时房地产市场发展最为迅速（图1-17）。

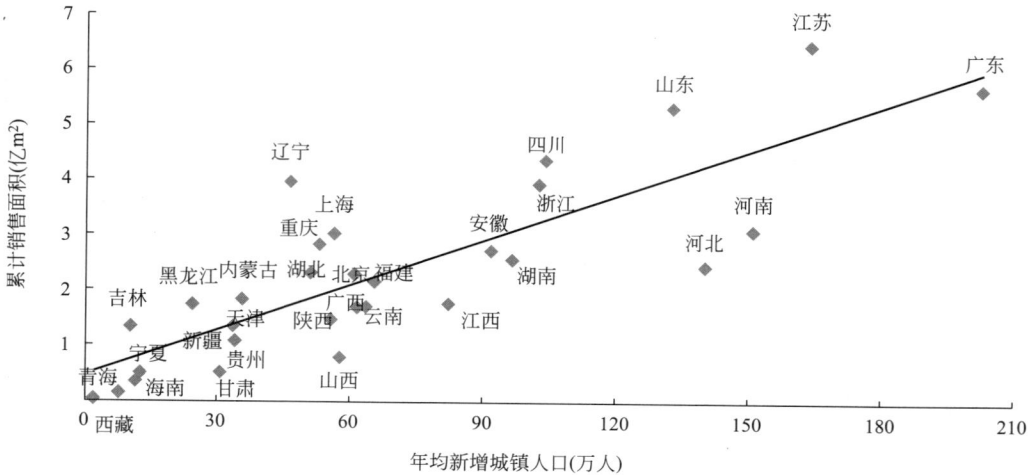

图1-17 2000~2011年新增人口与商品房销售面积

1996年中国城市建成区的总规模为20214平方公里，2011年扩大至43603平方公里，城市建成区总规模扩大2.2倍（图1-18）。

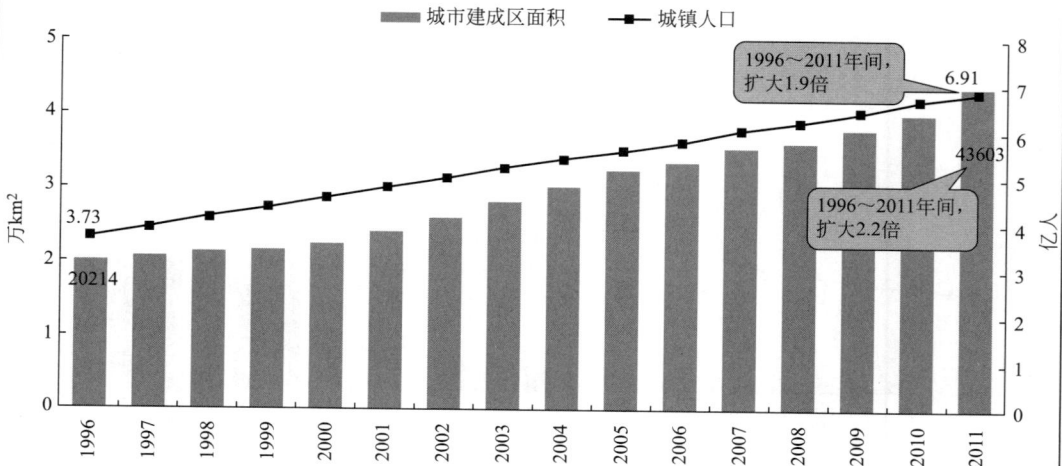

图1-18 1996~2011年城镇人口与城市建成区面积对比

研究院观点 5：城镇化带动城市基础设施建设（图 1-19）。

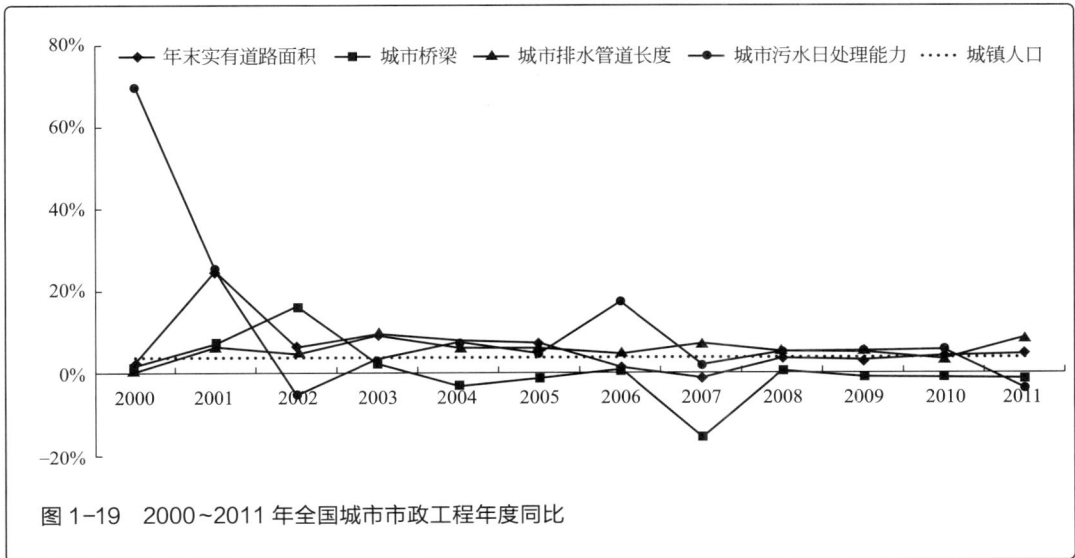

图 1-19　2000~2011 年全国城市市政工程年度同比

研究院观点 6：城镇化扩大房地产需求。

　　未来 10 年我国人均居住水平还有明显的上升空间。根据住房和城乡建设部政策研究中心发布的《2020 我们住什么样的房子——中国全面小康社会居住目标研究》，预计 2020 年我国将实现城镇人均住宅面积 35 平方米的居住目标。未来 10 年我国人均住宅面积仍有一定的提升空间，房地产市场仍有较大发展潜力。

　　多个国家城镇化率与同期人均住宅建筑面积见表 1-6。

城镇化率与人均住宅建筑面积　　　　　　表 1-6

国家	年份	人均住宅建筑面积（m²/人）	城市化率（%）
美国	2007	61.8	81.4
日本	2008	36.6	66.5
韩国	2000	20.5	76.8
德国	2008	42.9	73.6
英国	2001	44.0	89.5
法国	2002	37.5	76.2
意大利	2001	36.5	67.3
荷兰	2000	41.0	76.8
奥地利	2003	38.3	67.2
中国	2010	30.3	49.9

(四) 城镇化理论观点

研究院视点：基于资源禀赋的城镇化

人的城镇化：城镇化的本质是人的城镇化。

产业城镇化：产业发展推动城镇化发展。

逆城市化：城镇化就是逆城市化发展。

政策城镇化：政策引导下的城镇化发展。

1. 人的城镇化：城镇化的本质是人的城镇化

传统城镇化模式以经济发展为目标，以工业化为主线，以地方政府为主导，以土地为主要内容，以外延扩张为特点，以外部需求为牵引，以物质资本大量消耗为驱动力，使城镇化高成本、低收益。这种城镇的问题集中在要素结构失衡、空间失衡、产业结构失衡、大城市病多发。城镇化应该是城乡一体和城乡协调发展，是农村怎么富起来，而不能为城镇化而城镇化，过分追求城镇化率。不能搞"土地城镇化""水泥城镇化"，而更应该注重人口的城镇化、可持续的城镇化、生态的城镇化。

城镇化的本质是人的城镇化，这要求改善农村居民的居住和生产环境，建立宜居、人性化的城镇，而且还要考虑满足居民的多样化需求，使其有充分的选择空间。要解决的是农民工和农村人口的市民化，在硬件方面，市政建设不能用农村水平去管理，而应建设现代化的城市。

2. 产业城镇化：产业发展推动城镇化发展

农业现代化的关键在于小城镇建设的发展。通过统筹城乡发展，缩小城乡差距，引入务实科学的产业结构，使新型城镇化与农业现代化之间在经济发展中取得动态平衡。产业城镇化建设不仅能够为农业现代化创造规模化的经营条件，还能够提供农业产业化的经营环境以及农业现代化的物质和技术支持。中国城镇化应该是一个市场化过程。这既是企业市场选择的过程，也是外来人口自我选择的过程。不是政府设计的过程（图1-20）。

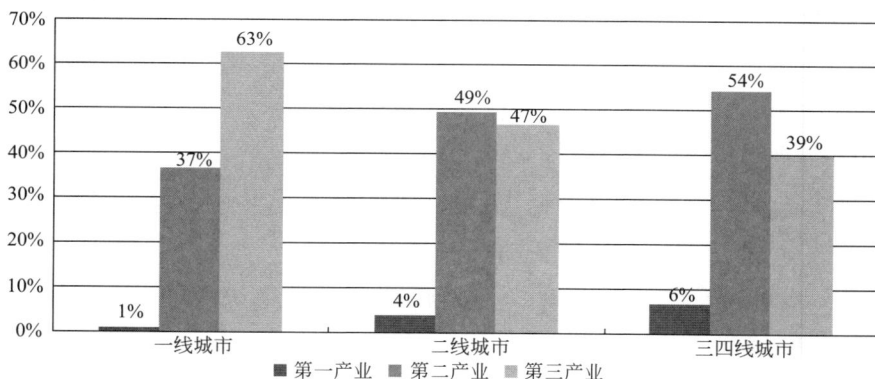

图1-20　2011年末全国各级城市产业结构

（1）城镇化进程与受益城市

一二线城市受益方面（以上海为例）。

上海将市域国土空间划分为四类功能区域，以及呈片状或点状形式分布于全市域的限制开发区域和禁止开发区域。可以认为，这将是上海地区城镇化进程中必须遵循的基本规划。

都市功能优化区，包括黄浦区、徐汇区、长宁区、静安区、普陀区、闸北区、虹口区、杨浦区等中心城区及宝山区、闵行区；都市发展新区，即浦东新区；新型城市化地区，包括嘉定区、金山区、松江区、青浦区和奉贤区；综合生态发展区，即崇明县（图1-21）。

图1-21 上海市四类功能区域

（2）产业发展推动城镇化发展

上海市推进形成主体功能区的主要目标是：功能布局更加清晰、空间结构逐步优化、用地效率明显提高、区域差距逐步缩小、生态环境不断改善。

未来全市的土地开发强度将控制在 39% 以内。

上海市将构建"两轴两带、多层多核"城市化格局：优化和提升"城市东西向发展轴"，构建"东部沿海滨江发展带"，完善中心城、新城、小城镇等多层次的城镇体系（图 1-22）。

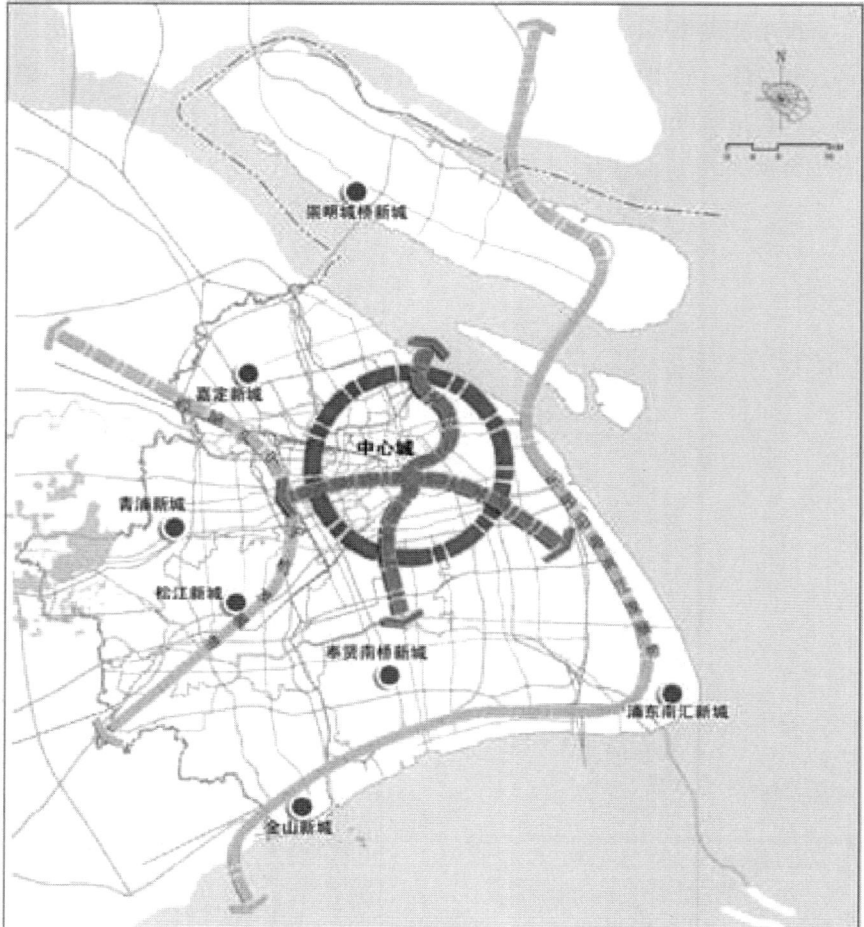

图 1-22　上海市多层次城镇体系

（3）三四线城市受益路径

产业转移：我国城镇化的推进不能只是圈地造房，而要与产业化同步推进。产业发展的动力来自于产业转移的推动。产业转移不仅是国家间、地区间的转移，也是我国东部向中西部转移，还是从大城市向中等城市、小城市、小城镇转移。

完善基础设施：一是要加快构建大交通发展格局；二是加快信息化基础设施建设；三是要加强能源基础设施建设；四是要加强生态环保基础设施建设；五是要加强教育、卫生、文化等公共服务设施建设，持续提升城镇综合服务能力。

新型农村社区建设：一是城镇开发建设带动模式；二是"产城联动"模式；三是"中心村建设"模式。

城镇化过程中大、中、小城市与小城镇将会协调发展。基于各个城市及城镇的不同特点，城镇化的收益面会有所不同。

城镇公共服务将趋向均等化；县域城镇的人口集聚功能将增强；应该通过产业实现就地城镇化；城镇化不该千城一面。

成渝经济区、中原经济区、长江中游，长株潭等，尤其是中部地区是未来的希望。比如江淮地区，合肥是个发展前景很好的地方，既不缺水，又是平原。它离东部近有很多好处，可以承接产业转移，可以左右逢源，它又接近东部的区位，又靠近中西部的市场。过去这个地方交通不便，所以没有体现自身价值，现在交通条件大改善之后就不一样了。

3. 逆城市化：城镇化就是逆城市化发展

逆城市化——大城市人口向中小城市和小城镇回流的现象

目前受益城市主要集中特大城市周边的，具有较好发展基础的中等城市。华东地区典型的受益城市有苏州、嘉兴等。

"逆城市化"指的是西方国家的"城市化"在发展到一定阶段之后，人口增多、交通拥挤、环境污染等"城市病"越来越严重，大量城市人口开始往郊区或者农村流动。

美国"逆城市化"：①富人先搬出去。因为他们很有能力有钱可以把自己照顾得很好。他们搬出去之后附近的一些基础设施就建起来了。②中产阶级搬出去。因为富人搬出去之后相关配套设施也慢慢出来了。更多配套设施出来后，一些工厂也搬出去，到最后形成一个具有多项功能的小城镇。这小城镇交通不拥挤、环境优雅、治安良好，工厂、公司又都在附近，慢慢就成为一个相对独立的、依附于大城市的小城镇。这就是一个富裕社会发展到最后的必然结果。

城市化主要表现有三点：第一，城市数目增多。第二，城市人口和用地规模不断扩大。第三，城市人口在总人口中的比重不断提高。

逆城市化是城镇化发展的必然，它是城市发展到一定阶段非农业人口向郊区流动，使城市人口不断减少的过程。它有三点表现：第一，城市人口向郊区移动，城郊差别减小。工业的发展使工业布局过分集中，导致环境恶化、地价上涨等。城市中心区人口开始向郊区移动，它们在城市周围大建新城和卫星城，将城市人口、文化、产业一并带到郊区，这种现象在西方一些大城市尤为明显，被称为"美国式郊区化"现象。

"逆城市化"是"城市化"发展到一定阶段派生出来的新潮流。城市化发展水平越高，"逆城市化"趋势越强。"逆城市化"对"城市化"而言是吐故纳新，对村镇来说则是巨大的发展能量。"逆城市化"潮流涌向哪里，哪里的乡镇发展速度就快。

利用"逆城市化"趋势发展小城镇和乡村，在此基础上发展起来的小城镇和乡村成为中心城市自我优化、减轻空间压力的广阔平台，促使中心城市的空间结构更加合理，产业优势更加突出，聚集效应和带动效应更加强大。由此形成中心城市与中小城镇、乡村彼此之间产业呼应、优势互补、良性循环的空间布局，搭成城市化与"逆城市化"的强对流（双向对流）关系。

4. 政策城镇化：政策引导下的城镇化发展

"十二五"规划对全国城镇化布局有着明确的安排。

提升城镇化质量，优化经济结构，增强城市可持续发展能力；重视发挥新形势下小城镇聚集生产要素的积极作用，增强国家城镇化的内生动力；建设生态城市，提高城市发展质量，增强国家低碳经济发展的实力；加强城市在衔接区域交通与市域交通上的枢纽作用，发挥国家基础设施建设对引导生产要素聚集与扩散的积极作用，统筹城乡和区域发展；强化城乡空间管制，通过划定三区四线在城乡规划中明确不能建设和必须保护的战略空间，促进城镇紧凑布局，集约发展特大城市的发展。

（1）特大城市的发展

政策资源对中国城市的发展有着决定性的影响。政策的倾斜使一二线城市受惠很多，公共服务水平和优质资源的集中，使得这些城市对外来人口的吸引力有增无减；未来这种局面估计会有所改观。

（2）中小城镇的发展

城镇化进程中必须重视城市群的作用。政策的制定应该大力支持发展特大城市周边的卫星城镇，这有利于弥合大城市和中小城镇发展的鸿沟，有利于淡化行政区域的人为切割，有利于产业和人口在地理空间上的合理分布，有利于推动大、中、小城市的协调发展。

（3）智慧、绿色、低碳城镇的建设

由于环境资源的约束，我们必须重视智慧、绿色、低碳、环保城镇的建设。在这方面，政策的引导大有可为。这可以杜绝资源粗放式使用，走可持续发展道路；可以调整各地各城的发展方向，加大产业转型升级的力度；可以促进制度创新与技术进步。

（4）城镇化逻辑

规划是城市建设管理的龙头。规划水平的高低，不仅关系城市建设的质量和品位，也直接影响城市运行成本和效率。

科学规划建设城市群。城市群是人口大国城镇化的主要空间载体。北美大西洋沿岸城市群、五大湖城市群，日本太平洋沿岸城市群，都是所在国经济社会发展的火车头。我国过去30多年的高速发展，也得益于长三角、珠三角、京津冀三大城市群的带动。最近讨论的长江经济带，从规划角度讲，也有一个依托长江黄金水道构建大都市连绵带的问题。考察这些城市群或大都市连绵带，一般有四个基本特征：①城镇化水平较高，城镇化率在70%以上；②大中小城市规模协调，相邻等级城市人口比例大多在1∶5以内，最高不超过1∶10；③以交通为重点的基础设施网络完善，各城市之间交通便捷、通信畅通；④城市功能布局合理、分工明确，产业优势互补。我们推进城镇化，应当以构建城市群为目标，积极培育包括特大城市、大城市和中小城市的城镇体系，促进城市间基础设施互联互通和产业、功能互补。

合理布局城市功能集聚区。任何大城市，都有居住、商务、产业、教科文卫、基础设施和生态休闲娱乐等功能集聚区，在布局上应结合城市地形地貌和人文特色，按照"大联通、小分布"原则，实行"多中心、组团式"策略。每个组团内部，都配建上述功能设施，但要分类布局、相对集聚、互相配套；各个相对独立的组团之间，依靠自然山水体系和城市绿化带合理分隔，并通过城市快速路、轨道交通等互联互通。这种板块特色鲜明、整体效益最优的现代化大都市，能够有效疏导人流、物流、资金流，促进城市资源优化配置和提升基础设施利用效率。

规划完善综合交通网络。①承载区域枢纽功能的大交通，包括铁路、机场、港口通道等，这是城镇群提升辐射带动能力的基础要件。②承载城市群各城市之间连通功能的交通，如城际铁路、高速公路、快速干道等，是城镇群的动脉血管。③承载市民日常出行功能的城市内部交通，要通过城市道路、地铁轨道及公交站场建设，确保城市平均车速达到30公里/小时，高峰时段不低于15公里/小时。④承载各种交通方式衔接过渡的换乘枢纽。这些交通基础设施，影响城市的运行效率和区域地位，对助推城镇化极其重要。

精心做好五种规划。①城乡总规，这是全局性、综合性、战略性的规划，一经确定，要管一二十年甚至更长时间。②控制性详规，涉及建设区块的土地使用性质、开发强度和道路、管线、建筑等布局结构，是城市建设的路线图。③重点区块的形态规划，应高低结合、疏密有致，尤其要注意保护天际线、楼际线、水际线，彰显城市轮廓之美。④地标性建筑设计，包括色彩搭配、建筑风格，应与周边协调统一、和谐有序。⑤各类专业规划，包括"七通一平"基础设施、安全设施等，应相互匹配、结构完善。上述5种规划的覆盖面和整体质量，决定着城市的未来面貌，一定要精心谋划。

加强土地管理，应把握五条原则：①坚持深度规划后出让，开发地块尽量做到控制性详规、形态规划、专业规划全覆盖，这能使土地出让价格提高30%，最多可达一倍以上。②坚持生地变熟地后出让。由政府土地储备机构负责拆迁，土地整治好后再出让，不仅能保障依法拆迁、公平补偿，确保各方利益，还能大幅提高土地资产价值。③坚持招拍挂出让。这是国家三令五申的要求，体现了公开、公平、公正原则，既能预防腐败，又可避免协议出让导致国有资产流失。④坚持依法收回闲置土地。对久划不拆、久拆不完、久拆不建、久建不完的"四久"工程土地，必须依法收回，挽回不必要的经济损失。⑤坚持土地储备制度。加强土地储备是国务院的明确要求。建立土地资源配置"一个渠道进水、一个池子蓄水、一个龙头放水"的良性机制，可以为经济社会发展提供有力的用地保障，也能防止公共资源增值收益流失。

具体到土地储备环节，也有五条原则：①一步到位储备，细水长流使用。土地储备是有技巧的，必须在城市起飞阶段一次性完成，然后细水长流。重庆 2002 年一次性储备了主城区 40 多万亩土地，之后 20 年内每年只开发 5%，即 2 万亩左右。②储备权集中，储备收益各级政府共享。相对集中储备权，有利于土地整体开发利用，但土地储备不应改变公共财政收入分配比例，收益应在各级政府间合理分配。目前重庆市区两级分配比例为 50：50。③储备地使用兼顾公益事业和商业开发，大体对半开。重庆已用的约 20 万亩储备地中，近 10 万亩用于公租房、大学城、铁路、机场等公共服务和公益事业，搞房地产开发的 9 万多亩，收益用于整个 20 万亩的征地动迁及一些基础设施建设。④做好两个循环。第一个循环，即土地储备手续办完后，成为有价资产，通过银行抵押融资，搞征地动迁和"七通一平"，生地变熟地；第二个循环，是"七通一平"后，及时完善规划并分批招拍挂出让，回笼资金用于清偿贷款，抵扣一级开发的成本后，增值部分纳入财政预算，用于滚动开发或其他片区建设。两个循环正常滚动，不会诱发泡沫和债务危机。⑤严格设置风险"隔离墙"，即做到"大对应、小对口"。大对应，就是做到土地收入与城建资金需求长期总体平衡；小对口，就是当期单个地块开发与一捆重大基础设施项目时间对应、资金平衡，"一个萝卜一个坑"，确保微观平衡、风险可控，以免形成糊涂账。

由于房地产具有商品、不动产、资本品、金融品、民生品等多重属性，必须构建以政府为主提供基本保障、以市场为主满足多层次需求的住房供应体系，更多采取市场调控办法，打好组合拳。①实施供需调控。房地产价格受供求规律影响，调控中既要按照人均 30 平方米的住房标准控制开发总量，也要按房地产年投资占全社会固定资产投资 25% 左右的比例调节流量，确保供需基本平衡。②实施地价调控。原则上，要把楼面地价控制在当期房价的1/3 左右。如果地价过快上涨，就要调整供地力度和节奏，避免地价抬高房价。③实施税收调控，关键是增加持有环节成本。近年来，重庆在中央支持下开展房产税试点，收到了调节房价、减少空置、改善房产结构、完善地方税体系等四重功效。2010~2013 年全国房价上涨 50%，重庆仅涨了 20%，高档住宅成交面积占比也由试点前的 9.2% 降到了 2.8%。④实施按揭调控，就是在零首付与零按揭之间选择一个合理比例。零首付，容易造成泡沫，诱发危机；零按揭则会窒息市场。重庆这几年的做法是，针对不同住房需求，首套房首付三成，二套房首付六成，三套及以上零按揭，实践证明是合理的。2014年一季度，全国30个大中城市商品房成交面积同比下降近20%，实际上就是个人住房按揭贷款发放出了问题。目前，住房按揭贷款利息7%~9%，且都是5~15年的长周期贷款。而企业通过股份制银行表外融资成本为8%~9%，这些银行靠理财业务变相发放贷款，往往又将企业贷款利息抬高到12%~13%，还多是一两年的短期融资。银行的趋利行为导致信息资源错配，进而造成个人住房贷款难，一些城市连首套房也贷不到款。因此，引导银行资金合理配置，控制好首付按揭比，是保持房地产市场健康发展的一个撒手锏。⑤实施双轨调控。不管房地产怎么调控，总有20%~30%的低收入群体买不起房，必须由政府托底保障。其中，通过危旧房、棚户区改造安置，能覆盖10%左右的城市人口；建设公租房，覆盖面大体是20%左右。这些工作做好了，人民群众"住有所居"就更有保障，房地产市场也会健康平稳。

第二章
"一带一路"研究

（一）"一带一路"倡议

中国的"一带一路"倡议让古代丝绸之路焕发了新生。作为有史以来规模最大的基础设施和经济发展项目，这个将陆路和海洋连接到亚欧大陆市场的倡议预计将投资8万亿美元，目前已经吸引了近70个国家的广泛参与，并在建设和投资方面已取得重大进展。"一带一路"倡议的发起方——中国及沿线各国均期望该倡议能够带来巨大的经济增长。对中国而言，这一举措有利于推动国内经济持续增长，拓展海外贸易网络及增进与各个国家间的关系。对"一带一路"倡议的沿线各国，尤其是新兴经济体而言，则可从中获得新的资金来源及持续的经济发展动力，缩小与发达国家的基础设施水平差距，加强与全球市场的经济联系和协作。

为了推动经济的持续增长，"一带一路"沿线各国对于现代化的物业建筑需求巨大，这使得房地产成为"一带一路"倡议的重要组成部分。

"一带一路"倡议的核心是庞大的基础设施建设和贸易的扩张。该倡议呼吁建立横跨亚欧大陆的大型经济区，如预计总投资约620亿美元的"中巴经济走廊"，以及涵盖范围广阔的从港口、工业园区，到高速铁路、机场、桥梁、公路、天然气管道、发电站等基础设施建设项目（图2-1）。

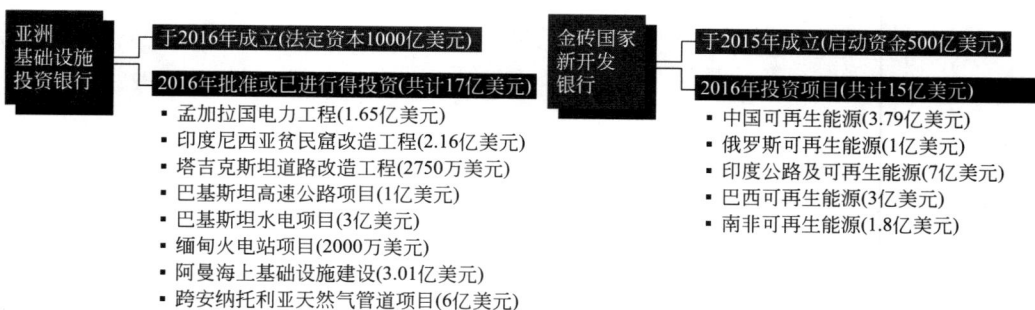

亚洲基础设施投资银行	于2016年成立(法定资本1000亿美元)
	2016年批准或已进行得投资(共计17亿美元)

- 孟加拉国电力工程(1.65亿美元)
- 印度尼西亚贫民窟改造工程(2.16亿美元)
- 塔吉克斯坦道路改造工程(2750万美元)
- 巴基斯坦高速公路项目(1亿美元)
- 巴基斯坦水电项目(3亿美元)
- 缅甸火电站项目(2000万美元)
- 阿曼海上基础设施建设(3.01亿美元)
- 跨安纳托利亚天然气管道项目(6亿美元)

金砖国家新开发银行	于2015年成立(启动资金500亿美元)
	2016年投资项目(共计15亿美元)

- 中国可再生能源(3.79亿美元)
- 俄罗斯可再生能源(1亿美元)
- 印度公路及可再生能源(7亿美元)
- 巴西可再生能源(3亿美元)
- 南非可再生能源(1.8亿美元)

图2-1　亚洲基础设施投资银行、金砖国家新开发银行部门项目

该倡议还旨在加强中国和其他亚洲、非洲、欧洲国家之间的陆上和海上贸易。"一带一路"倡议包括两个核心组成部分：丝绸之路经济带和二十一世纪海上丝绸之路。该倡议包含六个陆路经济走廊和一个海上通道，借此，古丝绸之路重新焕发出新的生机。

（二）"一带一路"与房地产投资

伴随着中国的现代化发展进程，中国的房地产领域发生了重大转变。市场对于住房前所未有的需求推动了住宅市场呈现爆发式的增长，大量的投资进入基础设施项目和商业地产开发市场。而近来，由于国内房地产市场利润率的降低以及房地产开发企业投资多元化的需求，境外房地产投资呈现明显上升趋势。

"一带一路"沿线国家也是如此，许多沿线国家正在积极主动地在各个领域加强基础设施建设和投资以推动经济发展。尤其是那些从低基数迅速增长的新兴经济体，这些地区迫切需要现代化的环境来加速和推动下一个阶段的经济增长，尽管在政治上抱有谨慎态度，但受困于有限的融资渠道，他们渴望得到来自中国的投资。

值得强调的是，我们见证了下列领域房地产开发投资的快速增长和重大机遇：

（1）由政府支持的经贸合作区项目（如工业园区和生产园区）；

（2）主要铁路枢纽及港口周边的制造和物流中心；

（3）高质量的办公空间，以更好地服务更高级别的经济活动；

（4）城市住宅和相关的社会基础设施，如零售和社区配套设施等。

考虑到所涉及市场的巨大规模和复杂性，所以在"一带一路"沿线国家中的潜在机会（以及相应的风险）差异巨大。"一带一路"目前有近70个参与国家，其地理、文化、政治制度和经济状况等各种方面存在巨大差异，同时经济发展的阶段往往也是不同的（图2-2）。

因此，为了便于分析，将沿线经济体分为以下八大区域：

（1）东盟前沿市场（如缅甸、菲律宾、印度尼西亚、柬埔寨）

（2）东盟新兴市场（如马来西亚、泰国）

（3）中亚和独联体国家市场（如哈萨克斯坦、俄罗斯、白俄罗斯）

（4）南亚市场（如巴基斯坦、斯里兰卡、孟加拉国）

（5）海湾地区小型国家（如卡塔尔、阿联酋、科威特）

（6）阿拉伯国家（如沙特阿拉伯、埃及）

（7）东非市场（如坦桑尼亚、埃塞俄比亚、肯尼亚）

（8）细分市场（如马尔代夫、新加坡、以色列）

通过广泛对比各经济区域主要宏观经济指标与风险因素可以看出，不同

		GDP增速(%)	外商直接投资(亿美元)	出口(亿美元)	进口(亿美元)
东盟前缘国家	柬埔寨	6.88	2.29	12.27	13.14
	印度尼西亚	5.02	3.76	177.88	170.66
	缅甸	6.50	3.28	11.07	17.78
	菲律宾	6.92	7.93	85.27	112.61
东盟新兴国家	马来西亚	4.24	13.52	199.27	180.31
	泰国	3.23	1.71	280.43	220.49
中亚及独联体国家	白俄罗斯	−2.65	1.24	29.72	29.77
	哈萨克斯坦	1.00	17.65	43.63	38.98
	俄罗斯	−0.22	32.98	329.94	263.75
南亚	孟加拉	7.11	1.91	36.87	47.17
	巴基斯坦	5.74	2.32	24.66	44.88
	斯里兰卡	4.38	0.90	17.44	23.65
海湾国家小国	科威特	1.85**	0.27	62.01	51.62
	卡塔尔	2.23	0.77	72.40	63.48
	阿拉伯联合酋长国	3.04	8.99	362.07	353.76
阿拉伯国家	埃及	4.30	8.11	34.82	65.92
	沙特阿拉伯	1.74	7.45	198.29	195.11
东非	埃塞俄比亚	7.56	3.20	5.80	20.11
	肯尼亚	5.85	0.39	10.28	16.48
	坦桑尼亚	6.96	1.37	8.33	9.11
细分市场	以色列	4.04	12.32	95.03	87.74
	马尔代夫	4.09	0.45	3.37	3.20
	新加坡	2.00	61.60	511.22	434.37

图2-2 "一带一路"沿线国家经济概况

经济区域投资者的投资经验差异巨大。例如，有些地区是由快速增长的经济集群（GDP 增长率在 5% 以上）组成，如东盟前沿市场以及南亚、东非市场；而其他区域则是经济更为成熟和发达且投资和贸易量都非常大的市场，如细分市场。同时，东盟新兴市场的经济体在世界银行营商便利指数的得分都相对较高，但监管和法律框架不完善或安全环境复杂等因素可能会给在那些排名较低的"一带一路"经济体中顺利开展业务带来不利影响。

面对具有吸引力的潜在机会和投资地点，"一带一路"参与国间的巨大经济差异又是怎样反映在房地产项目需求形式上的？

自 2013 年以来，参与"一带一路"倡议的国家累计获得 1210 亿美元的来自中国的房地产投资（仅统计单个成交超过 500 万美元及以上的房地产投资）。2017 年前 11 个月成交金额创历史新高达 48.2 亿美元，超出 2016 年同期的 12 亿美元，并较 2013 年历史最高水平高出近 30%（图2-3）。

2017 年"一带一路"政策纲领的密集发布及重申，以及监管部门对沿线国家对外投资政策的大力支持，是"一带一路"投资总额出现大幅上涨的主要原因。2017 年 8 月，国家发展改革委、商务部、中国人民银行、外交部联合发布了《关于进一步引导和规范境外投资方向的指导意见》，旨在促进"一带一路"

境外投资活动的顺利开展，同时加强对其他领域投资的审查监管力度。

以全球范围来看，2017 前 11 个月，内地投资者有近 15%的境外地产投资落在"一带一路"沿线国家，而 2016 年该比例仅为 3%。2013 年作为"一带一路"倡议元年，当年该投资比例一度达到峰值水平 22%，全年 37.3 亿美元的总投资额是其过去 4 年均值的 6.5 倍。在"一带一路"项目启动后，之后 3 年的投资回落至温和水平，年平均投资额约为 13 亿美元（图 2-4）。

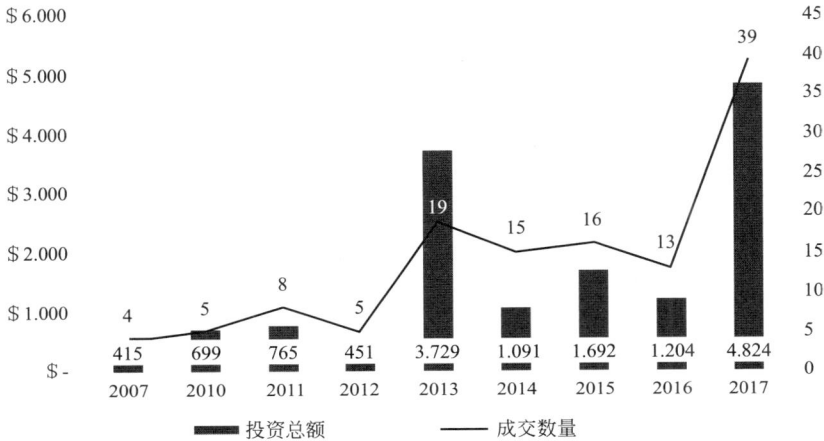

图 2-3　中国在"一带一路"国家房地产投资（百万美元）

来源：RCA，戴德梁行研究部

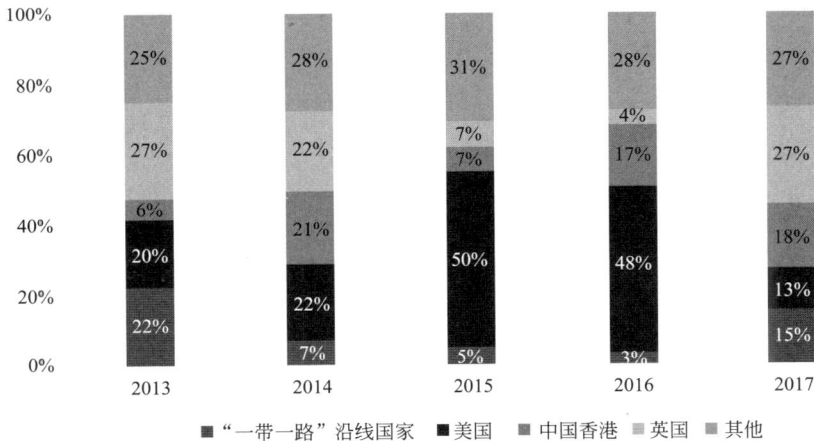

图 2-4　中国境外房地产投资占比（2013~2017 年）

来源：RCA，戴德梁行研究部

自 2013 年以来，亚洲国家（包括东盟和西/南亚）成为内地投资者最受青睐的热门投资地，投资比例高达 83%。其中，新加坡以 38 宗大宗交易占据全部投资的 51%。此外，马来西亚、俄罗斯、捷克和波兰也占据着一定比例的投资份额。

按物业类别来看，土地开发成为"一带一路"投资的最大热点，以36宗交易占自2013年以来投资总额的一半，总计达62亿美元。考虑到工业物流和港口项目在"一带一路"中的重要性，单独来看，这两个类别同期投资超过30笔，总计金额达21亿美元。另外值得注意的是，一半以上的投资发生在东盟国家，其中97%的交易发生在2017年。这表明近期国内投资者开始快速地调整全球投资策略，以期使自己搭上"一带一路"的顺风车。工业物流和港口投资项目也主要集中在东盟国家，大宗交易包括：2017年6月黑石集团以138亿美元的价格将Logicor平台出售给中国投资有限公司，该项目中约有价值7.47亿美元的物流物业分布在"一带一路"沿线国家。（2017年12月，黑石回购Logicor的10%的股份）。另外，中国海南航空集团以约10亿美元的价格收购了新加坡顶尖物流公司CWT。

按投资者类型来看，自2013年起，在"一带一路"沿线国家房地产投资中，房地产开发商以35%占据投资者排行首位，其次是房地产运营公司及私企。尽管内地机构投资者目前只占总投资的一小部分，但这一群体的增长潜力巨大。鉴于目前海外地产投资愈发困难，这些内地投资者很可能会将眼光从国外核心城市的稳定资产中抽离，并投入到更容易获得批准的"一带一路"沿线国家（表2-1）。

"一带一路"沿线国家房地产投资者前10强 表2-1

公司名称	投资总额(亿美元)
富力地产	14.20
龙光地产	11.79
皓源投资	9.31
Bright Ruby Resources	9.12
南山集团	8.90
绿地集团	8.65
海航集团	7.67
中国中冶集团	7.67
中国投资有限责任公司	7.47
中国银行	5.37

资料来源：RCA，戴德梁行研究部

主题1——境外经贸合作区和产业园区

境外经贸合作区是国际贸易和经济活动的平台。在"一带一路"倡议下，随着贸易往来的不断改善，搭建能够对贸易和经济活动进行巩固和管理的平台成为一种必需。因此，在许多"一带一路"沿线国家建设境外经贸合作区已是大势所趋。

截至 2016 年底，在全球 36 个国家中，此类的境外经贸合作区超过 77 个，总投资额为 241.9 亿美元。其中，有 56 个境外经贸合作区位于"一带一路"沿线的 20 个国家中，占合作区总数的 73%，总投资额为 185.5 亿美元。

在这些合作区快速发展的同时，也帮助中国立足境外市场发展，并实现了建立贸易联系和加强双边合作的长期目标。2006 年，在"一带一路"正式公布之前，中国就已经有了在重要境外贸易国家投资此类平台的先见。同年，中国商务部颁布了"境外中国经济贸易合作区的基本要求和申办程序"，宣布了在全球建立 50 个境外经贸合作区的目标。

中国企业投资境外经贸合作区受到了两个关键因素的推动。一方面，由于国内成本（劳动力/土地）的不断上升，中国企业已主动向"一带一路"成员国寻求低廉的劳动力成本、优惠的政策以及激励措施。另一方面，根据合作区的特性，中国资本可以流入事先规划好的和整合过的区域。只有通过政府提供的贸易协议和激励措施，才能实现境外企业与本地企业之间的协同效应，并引导其形成新的经贸合作机遇。境外经贸合作区的建立也标志着政府所提供的基础设施能使商业运作立即建立起来。这种激励措施对商业布局便利化和降低运营风险的效果显著。

根据"一带一路"国家寻求推动和发展产业的类型，不同的境外经贸合作区将具有不同的定位。目前，境外经贸合作区可分为如下行业类型：传统农业、高端农业、自然资源开采业（如采伐、采矿等）、制造业（如五金机械、纺织服装、鞋业等）、IT 行业、贸易物流仓储业以及生活服务。特定行业的企业可被吸引到具有相关定位的经贸合作区。企业在那里投资或建立公司，形成一种专业化和集群化效应，从而促进该行业全面升级。通常，这些合作区的地理边界是确定的，其内部发展主要取决于个体投资。以下列出了在"一带一路"国家境外经贸合作区内进行房地产投资的常见类型：

（1）第一产业。通常为农业合作区（如中俄现代农业产业合作区）或自然资源开发区（如中俄托木斯克木材工贸合作区以及赞比亚—中国经贸合作区）。

（2）第二产业和第三产业。通常为生产制造园区、加工区、经贸合作区、自由贸易区、产业园区和研发孵化园区。

中国在境外产业园区的投资概况近年来，中国资本投资境外产业园区项目的趋势日益增长。据中国商务部统计，截至 2015 年 9 月底，69 个合作区的企业建设投资额达 67.6 亿美元，其中中国控股的 688 家企业实际投资额达 99.2 亿美元。

主题 2——物流地产

在"一带一路"倡议下，推动物流发展需求的一个关键因素，是建立区域间新的交通联系、巩固境外经贸合作区内的贸易活动。在运输方式上，预计在"一带一路"倡议下的铁路，水运等物流需求将会增长。

表1-8标示了"一带一路"重要交通枢纽的位置和分布情况，这些交通枢纽在未来物流地产投资方面存在巨大潜力。一般来说，陆路运输主要服务于"一带一路"沿线北部的国家，而海洋运输则主要服务于"一带一路"沿线南部的国家。

陆路和海路路线都以中国为起点，终点则连接到俄罗斯、土耳其、新加坡、印度、巴基斯坦和地中海等地。将这些目的地的串联起来的是一系列重点城市，在这些城市中未来经济活动的融合将会得到蓬勃发展。得益于有利的贸易因素，制造业和消费品业将成为受益于"一带一路"的两大物流板块。物流服务的范围通常是从原材料的采购到加工，再到储存，最后将货物配送到最终用户。这些新兴制造中心的位置通常靠近原料基地以便于直接向加工过渡，这是制造业从富裕经济体转移到东南亚发展中国家的关键。事实上，"一带一路"倡议作为一个平台让沿线国家从中受益，部分沿线国家原材料价格、劳动力价格和生产成本相对较低，而且与世界其他地区具有良好的连通性，因此在制造业方面受到外国投资的青睐。柬埔寨和越南作为亚洲制成品的两个主要出口市场。直接投资已经从2013年的89亿美元和13.45亿美元分别增加到2016年的126亿美元和22.9亿美元。据联合国贸易和发展会议称，作为一个发展中国家，柬埔寨的经济受到来自中国、日本和其他东盟成员国的非服装制造项目的支持。这将促进物流服务和基础设施的持续增长，推动"一带一路"沿线国家的制造业。

中国一直是"一带一路"海外发展项目的主要投资者，包括以政府和国企为首的物流地产投资。以下是近期一些涉及物流产业的关键性投资概述。

（1）政府主导的投资合作协议是政府主导的海外投资的主要形式，如巴基斯坦的中巴经济走廊（CPEC）。巴基斯坦：中巴经济走廊下的项目将在物流业产生额外的需求和供给。例如，2015年瓜达尔港的扩建对附近的制造区、物流枢纽和仓库的发展都产生了积极的影响。

（2）国有企业主导的投资，许多国有企业也参与到海外物流地产的建设中。未来十年，中国在"一带一路"沿线国家投资物流地产的趋势很有可能持续。这些"一带一路"沿线城市交通连通性极好，但低空置率和有限的未来供应，都将使其成为全球物流投资者和运营者的目标。

主题3——城市发展

除了贸易增长之外，人口流动和城市居住区的转变是"一带一路"倡议下房地产开发需求的另一个方面。世界银行估计，到2050年，"一带一路"沿线国家的城市人口将增至近34亿，"一带一路"将成为引发城市爆发性发展的关键性催化剂。

凭借"一带一路"沿线国家庞大的人口基础和贸易机会，由中国资本支持和中国工人建设的一系列基础设施将加速贸易路线沿线国家的城镇化进程，未来这些国家都将是全球经济增长的动力。地球上人口最多的两大洲——亚洲和非洲正在逐步城镇化，其城镇化速度正在赶超美洲和欧洲这些富裕区域。过去10年以来，每年有数以万计的农民工流入城市以寻找更具吸引力的就业机会。

因此，随着农村人口及劳动力逐渐向周边城市迁移，新兴城市的住房需求可能会继续上升。根据牛津经济研究所的数据显示，短期内，世界银行预计未来5年"一带一路"沿线国家2.59亿新增城市居民将产生24.75亿平方米新住房面积的需求。根据牛津经济研究所预测，未来5年，东盟十国的城市住房总需求将达2.76亿平方米，比东欧还多100万平方米。"一带一路"倡议下各类基础设施项目不断推进，有效地促进了这些区域城镇化需求的平稳增长，预计中短期内，东盟城市的房地产需求也将持续保持强劲。

第三章
城市群发展研究
————

（一）城市群发展

京津冀、长三角、粤港澳大湾区、成渝经济圈……伴随这些以"群"为单位的规划，越来越多地在国家发展构想中被提及，这预示着中国城市群发展已进入集中发力阶段。

从 2015 年我国发布第一个关于城市群的引导政策——《国务院关于长江中游城市群发展规划的批复》至今，国务院一共批复了 9 个城市群发展规划。尤其"雄安新区"的设立，更释放了信号，都市圈与城市群已逐渐成为中国城市发展的主流趋势。

1. 政策引导顺势而为

城市群的形成固然有天然内生因素，但我国对城市群的主动规划推动，同样是其形成的重要因素。

早在 2015 年，我国就发布了第一个关于城市群的引导政策——《国务院关于长江中游城市群发展规划的批复》，强调"走新型城镇化道路，着力推进城乡、产业、基础设施、生态文明、公共服务'五个协同发展'"，目的是将长江中游城市群打造成为"全国经济新增长极和具有一定国际影响的城市群"。

截至 2018 年年初，在国家层面，国务院一共批复了 9 个城市群的发展规划，分别是长江中游城市群、哈长城市群、成渝城市群、长江三角洲城市群、中原城市群、北部湾城市群、关中平原城市群、呼包鄂榆城市群、兰州—西宁城市群，这些发展规划给城市群在规划编制、体制创新、重大项目建设、优化行政区划设置等方面提供了积极引导和政策扶持。

城市群的规划各有风采，房地产行业只有消化了指引路径，才能够更好地把握增长时机。兰州—西宁城市群的定位为"为支撑国土安全和生态安全格局、维护西北地区繁荣稳定的重要城市群"；而长三角则是"共建全球科技创新集群，加快形成国际竞争新优势"；对于中原城市群，目的则是"促进公共服务共建共享，推动城乡统筹协调发展，构建网络化、开放式、一体化"。

这些明晰的定位给房地产行业提供了一条可见的跑道，只有寻着城市群发展定位的轨迹，才能够显得从容不迫。

2. 城市群的机会

"中国城镇化的未来，是以城市群作为主体，大中小城市和小城镇协调发展的形态，未来城市群将发挥更重要的作用。在城市群的背景下，以往一二三四线城市的划分已经不合时宜，未来的城市不是简单按'线'划分，而是按照你在哪一个城市群来划分。"中国城市和小城镇改革发展中心学术委员会秘书长冯奎指出。

冯奎认为，当前一些核心大城市房价过高，在城市群发展的背景下，可以通过大中小城市的协调发展来分担大城市的一些人口和产业，起到承接人口与承接产业的功能。"与此相应，它们也会对平抑房价起到重要作用。"

在这种情况下，房地产企业的战略眼光与布局策略显得尤为重要。从龙头房地产企业的布局城市来看，京津冀、长三角和粤港澳大湾区等城市群依旧是战略重点；中型或者黑马型房地产企业，则更多地选择深耕一到两个城市群，在这个边界内做大做强。

龙头房企中如万科，其一直强调要把握区域协调发展战略带来的机遇，深耕核心城市群。其年报显示，2017 年，在已进入的 76 个境内城市中，万科在 22 个城市销售金额超百亿元；在 37 个城市销售排名位列当地前三，其中22 个城市销售排名第一。

保利的战略选择与万科相类似。据保利发展总经理刘平介绍，保利未来的布局战略是，坚持深耕三大城市群，坚持研判基本面，不盲目追高，坚持并购与概念拓展，保证当前 1 亿多平方米的资源储备地域分布好，产品结构优，盈利能力强。

中型房企则具有与龙头房企不一样的考量。实际上，如果能够深耕一个城市群，并保持均衡发展，随着城市群的崛起，也能够保证规模的稳健增长。此前在接受《每日经济新闻》专访时，滨江集团董事长戚金兴就指出，房地产企业城市群布局是一种顺势而为，是跟随城市经济发展的一种有效路径。

而滨江集团的布局战略也十分清晰，其从"三点（杭州、上海、深圳）一面一拓展"，转向形成"聚焦杭州、深耕浙江、辐射华东，关注大湾区、中西部、京津冀重点城市"的战略布局。

3. 房地产企业的作为

在城市群崛起过程中，要引导人流与产业的转移，基础建设是重要一环。业界的共识是，对于城市群规划，要科学划定城市群范围，合理确定城市群及各城市定位，促进产业分工协作，着力实现交通基础设施互联互通，健全一体化发展机制体制。

冯奎的建议是，房地产企业可以更多地参与城市群的基础设施建设。冯奎指出："房企应该把握城市群发展的规律、趋势与特征，积极参与、通过各种形式参与到城市群的基础设施建设，找到自己的位置与角色。"

从当前的拍地趋势看，很多城市也十分鼓励房地产企业参与基础设施建设中。9月25日，深圳市规划国土委发布《深圳市拆除重建类城市更新单元规划编制技术规定》，规定所有城市更新单元均应进行海绵城市建设专项研究，强调所有含住宅的更新项目均应配置幼（托）儿园、老年人日间照料中心等。

由此，许多房地产企业踏足多元化领域的逻辑就不难理解，涉足养老、教育和医疗等领域更是趋势。在这一方面，大型房企涉足的范畴更大。

当基础建设达到一定高度，人口、产业的流动就是自然而然的事情。新城控股高级副总裁欧阳捷描绘了这样的景象：城市轨道交通，从上海通到昆山，到嘉善，再到苏州，这样我们就连成一片。小孩到了南通以后，仍然可以读同济小学，高考可以享受上海的高考政策，老人到那边可以看病，医保可以同城化，我们用中小城市的土地与大城市的产业资源进行置换，形成一个共同发展的格局。

4. 紧贴城市群"一城一策"

在城市群中，各个城市也都有明确增长极。其中，京津冀以北京、天津占据绝对量级。一直以来，长三角以上海一城独大，长江中下游各城市都有亮点。珠三角则是广州和深圳，房地产企业布局城市则是按照增长极为中心来推进。

相对来说长三角的红利最明显，但例如嘉兴、昆山这类上海周边的城市，这轮卖地较多，以目前地价和规模来说，拿地不是很合适，但随着土地财政压力的加大，或推出更多的地块。这样的城市就应该慎重拿地。

长三角和大湾区珠三角的机会点也很多，并且各级城市的博弈显著——一线城市"虹吸效应"非常明显，二线城市危机感很强，各级城市以产业为带动，各自争抢人才和企业资源（如深圳和东莞）。

业内人士认为，京津冀、长三角和珠三角作为中国三大核心城市群，均有机会发展成为具有全球影响力的世界级城市群，不仅引领中国经济持续增长，也对世界经济发展作出贡献。

在这些城市，政策倾斜程度、人口虹吸能力、产业支撑能力，都是房地产企业考量的因素。

但企业能否站稳一座城市，则要具体分析，要看在哪个城市群更有资源、更有可能，同时也要看企业自身发展诉求和战略规划。

5. 面向下一个10年

房地产行业的拐点或许真的到来了。

9月11日，万科董事会主席郁亮表示："2012年我们判断行业进入白银时代，但这只是一种预测，并不知道什么时候会出现真正的转折。而今天，转折点实实在在到来了。"

今天，房地产行业面临的是收紧的土地供应、遇冷的市场反应、严苛的融资环境、压实的政策导向，确实到了必须做出改变的时候。

脱离单一的住宅开发已经是不争的趋势，但其中的转型风险也必须正视。弘阳集团执行总裁蒋达强表示，大的房企都在谈房地产多元化，但如果是不相关的多元化，企业是比较难以驾驭的，因为行业属性不一样。很多企业选择的相关多元化，是企业精力不足以去驾驭的，如果把进入的行业当作一个生意去看待，永远都是今天做、明天不想做；如果把这个行业当作一个事业看待，就会做得长远。

应当看到，城市群经济形态的出现，将城市发展带入了一个更高阶段。此前，房地产行业被认为经历了"黄金十年"，但发展中产生的问题需要在发展中解决，房地产行业面临的种种问题也将伴随城市群发展，成为下一个十年的价值内涵。

（二）粤港湾大湾区

1. 概述

粤港澳大湾区是包括珠江三角洲内的深圳、广州、佛山、东莞、珠海、中山、惠州、肇庆和江门9市，加上香港和澳门两个特别行政区组成的城市群。尽管粤港澳大湾区是一个新的战略性发展方向，但在以往的珠江三角洲概念下，这些城市的融合发展由来已久，彼此并不陌生。湾区内大部分城市拥有很具竞争力的产业和坚实的经济基础，发展独当一面，当中深圳和广州更与上海和北京同列国内一线城市，再加上香港这座历史悠久的国际化城市，大湾区绝对是中国一个重要的对外窗口，与中国国内另外两个经济迅速发展的城市群——京津冀和长江三角洲相比，可谓各有千秋。

在香港和珠三角建立湾区的概念源于20世纪90年代，由民间学者建议效法美国旧金山湾区，建立"香港湾区"或"港深湾区"。10多年后，中华人民共和国国家发展和改革委员会正式于2008年颁布《珠三角地区改革发展规划纲要（2008—2020年）》，为珠三角的发展战略定下了重要的基调。其后粤港澳三地进一步深化合作，共同研究规划并签订多项合作框架协议，联系更为紧密。

直至2015年，中国在《推动共建丝绸之路经济带和21世纪海上丝绸之路的愿景与行动》中，提出在"一带一路"倡仪的兴建中"打造粤港澳大湾区"，令大湾区概念首次被写入中国国家级文件当中。2017年3月，中国国务院在《政府工作报告》中提出，"研究制定粤港澳大湾区城市群发展规划，发挥港澳独特优势，提升在国家经济发展和对外开放中的地位与功能"，明确指出大湾区发展已升级至中国国家战略的层面（图3-1）。

2008年12月
国务院批复《珠江三角洲地区改革发展规划纲要(2008-2020年)》，提出粤港澳以区域合作一体化为前提，增强珠三角城市间的合作

2009年10月
在广东省、香港、澳门三地政府联合发布的《大珠三角城镇群协调发展规划研究》中，将总体目标定为粤港澳三地合力建设充满生机与活力、具有全球竞争力的协调可持续的世界级城镇群

2011年1月
粤港澳三地政府公布《环珠江口宜居湾区建设重点行动计划》，以落实珠三角跨界地区合作

2014年3月
深圳市首次在政府工作报告中提倡"湾区经济"推动珠三角一体化发展及加强深莞惠合作，并致力透过基建打通区域合作战略通道，产生湾区经济发展联动效应

2015年3月
国家发展改革委、外交部、商务部共同发布《推动共建丝绸之路经济带和21世纪海上丝绸之路的愿景与行动》首次提出要深化与港澳台合作，合力打造粤港澳大湾区

2016年3月
国务院在《关于深化泛珠三角区域合作的指导意见》提出广州、深圳、香港及澳门共同打造粤港澳大湾区，"构建以粤港澳大湾区为龙头，以珠江—西江经济带为腹地，带动中南、西南地区发展，辐射东南亚、南亚的重要经济支撑带。"

2016年3月
中国在"十三五"规划中表明"支持港澳在泛珠三角区域合作中发挥重要作用，推动粤港澳大湾区和跨省区重大合作平台建设"

2017年3月
国务院《政府工作报告》提出，"要推动内地与港澳深化合作，研究制定粤港澳大湾区城市群发展规划，发挥港澳独特优势，提升在国家经济发展和对外开放中的地位与功能"，正式将大湾区提升至国家战略的层面

2017年7月
国家发展改革委与粤港澳三地政府签署《深化粤港澳合作推进大湾区建设框架协议》，初步定出三地政府的分工、合作方向及协调机制，旨在"将粤港澳大湾区建设成为更具活力的宜居宜业宜游的优质生活圈和内地与港澳深度合作的示范区，携手打造国际一流湾区和世界级城市群"

2017年10月
"十九大"报告再次重申"要支持香港、澳门融入国家发展大局，以粤港澳大湾区建设、粤港澳合作、泛珠三角区域合作等为重点，全面推进内地同香港、澳门互利合作"

2017年12月
在中央经济工作会议上，提出要"科学规划粤港澳大湾区"被写入2018年经济工作，大湾区的战略规划即将正式实施，踏入新阶段

2018年8月
中央政府成立粤港澳大湾区建设领导小组，并由国家发展改革委担任统筹执行角色，进一步显示中央对大湾区的重视及支持。领导小组的成立有利于大湾区内各城市的沟通，令大湾区的规划更具协调性

图3-1 粤港湾大湾区政策

2. 比较优势

很多人也将粤港澳大湾区与世界上另外3个发展上百年的湾区——东京湾区，旧金山湾区和纽约湾区比较，他们的规划与发展有政府主导、有政府与民间智库一起协调部署，也有自然发展起来的，从它们的规模与可持续发展性的角度来看，政府担当的角色可谓举足轻重。正如上述所言，粤港澳大湾区发展已成为中国国家级层面的政策，由中央政府推动，地方政府协调，加上大湾区的先天条件优厚，幅员广阔、人口众多、面向国际、产业先进和多样化，依附中国迅速稳健的经济发展，大湾区的长远发展可被看高一线。对比国内外的城市群，大湾区优点众多，正迎来一个千载难逢的发展机遇，但它同时也面临着一些挑战，两方面的略述如下：

（1）土地和人力资源丰富、经济效益高。粤港澳大湾区占地约56000平方公里，人口超过6900万，虽然只占用全国土地面积0.6%和人口5%，但其产出占全国国内生产总值12%，经济效益比京津冀和长三角等主要经济带高，同时土地和人口规模相比世界其他三大湾区都要大。

（2）金融经验丰富、制度多样化。粤港澳大湾区拥有中国三个股票交易所中的两个，合计总市值超过48亿元人民币[1]，位列世界第三大，更是上海的1.6倍，是中国最重要的金融中心之一。其中香港的营商环境和制度与国际接轨。另外，区内还设有深圳和珠海两个经济特区，广州南沙、深圳前海蛇口和珠海横琴三个自贸区，有利于创新政策在区内的先行先试，形成了一个可互补共赢的制度多样化经济体，令大湾区的产业有更大的发展空间，促进区域内多个经济核心的形成。

（3）创新及科技产业发展迅猛。粤港澳大湾区亦是中国创新及科技产业的摇篮。2017全球创新指数报告GII所列2016年全球创新城市群中，深圳和香港以国际专利申请数量，位列世界第二创新群落。除此以外，2017年科研发展（R&D）经费占深圳市GDP比重达4.1%，相当于900亿元，在大中华区内仅次于北京的5%，却高于上海的3.5%和台湾的3.1%。

（4）航运产业发达。粤港澳大湾区的港口实力出众，深圳、香港和广州都有货运港口，位列全球前十强，2016年的集装箱吞吐量合共达6265万个标箱（TEU），比长三角还要多出近400万个。区内共有香港、澳门、广州、深圳和珠海五个国际机场和惠州一个地区机场，其中香港和广州在全球机场客运量排行第八和第十三。在国内，广深港的机场客运量均排名前十。此外，香港更是连续8年成为全球最繁忙货运机场，国际货运量比第二名的上海浦东国际机场高出70%。大湾区的总体客运量及货运量更是全球湾区之首。随着区内机场的持续扩建，今后大湾区的人流及物流必将更趋蓬勃。

（5）第三产业占比有待提升。粤港澳大湾区第三产业占比超过60%，人均GDP比京津冀和长三角城市群高近一倍，但仍然远低于另外3个国际湾区。相比之下，纽约、东京和旧金山湾区的第三产业比重平均超过80%，人均GDP更以倍数高于粤港澳大湾区。部分大湾区城市（如中山、惠州、江门和肇庆等）仍以中低端制造业为主，这些产业对GDP贡献有限，但受益于《中国制造2025》的规划，大湾区的产业转型和升级目标明确，蓄势待发，从而带动更多高增加值的第三产业发展。随着各城市的产业升级和现存的第三产业更趋壮大稳定，未来三产比重和人均GDP必然会明显提升。除了致力于提升第三产业的占比外，制造业升级也是大湾区内重要的一环。当中，工业和信息化部同意把珠江西岸"六市一区"（珠海、佛山、中山、江门、阳江、肇庆、顺德）创建"中国制造2025"试点示范城市群，引领中低端制造业向高端制造业升级（图3-2）。

	❶ 粤港澳大湾区	❷ 东京湾区*	❸ 纽约湾区*	❹ 旧金山湾区*
面积(万/km²)	5.6	3.7	2.2	1.8
人口(万人)	6,957	4,396	2,015	768
GDP(万亿美元)	1.6	1.9	1.7	0.8
人均GDP(万美元)	2.3	4.2	8.2	10.2
集装箱吞吐量(万个标准货柜单位)	7,499	773	625	237
机场旅客量(亿人次)	2.0	1.2	1.3	0.8
GDP占所在国家经济总量比例	11.8%	37.6%	90%	4.2%
第三产业比重(%)	64.9%	82.3%	89.4%	82.8%
主要产业	金融、创新科技、制造业	汽车、石化、金融	金融、房地产、医疗保健	科技创新、专业服务

图 3-2 四大湾区对比

（6）大湾区内的法制、货币、身份和文字差异。粤港澳大湾区最有别于国内另外两个主要经济带和国际三大湾区的地方，是内含香港和澳门两个特别行政区。这两个特区在居民身份、立法、税收制度、货币和文字方面均与其余 9 个广东城市有所差异，使得政策推行及执行、人流和资金的出入境管理、商业运作等都相对复杂。长远来说，这些差异的问题必须理顺，否则难免阻碍大湾区的一体化发展。从宏观经济指标来看，粤港澳大湾区的经济总量和长三角城市群、国际湾区都还有一段差距，人均 GDP 更是低于世界湾区的平均水平。从产业结构的角度来看，大湾区仍处在工业经济向服务经济的转型期，第三产业的比重有待提高。在制度多样化环境下，大湾区的发展将走出一条无既定经验可循的新型道路，既需要融合各城市、地区，避免行政壁垒，也要做好交通基建和城市分工，实现在差异化发展中共同进步的目标。

3. 大湾区经济一体化模式下的三个城市发展层面

粤港澳大湾区充满着机遇，区内各个城市都会受惠，但它们受惠的先后顺序及程度可能会有所不同。我们认为发展过程大概可分为三个层面，第一个层面是由政策及行政推动，主要受惠的是已经有雄厚发展基础的香港、澳门、广州和深圳等城市；第二个层面受广州及深圳的外溢效应驱动，受惠的将会是与这两个城市相邻的东莞和佛山；第三个层面则由基建所带动，位于珠江口西岸的城市将更为得益。

（1）第一个层面：政策与行政措施的带动，继续担当领头羊角色。香港、澳门、深圳和广州在经济上都能独当一面，是大湾区发展的领头羊。香港连续24年成为全球最自由经济体，也是一座全球核心金融城市。作为全球最大的离岸人民币业务和融资中心，以及拥有在全球市值排名第7的香港交易所，吸引了超过660家内地公司在香港上市，其中130家来自广东省，可见不少广东企业把香港作为他们的重要融资平台。过去中央政府一系列支持内地、香港经济合作的政策，如早年的CEPA、自由行、前海深港现代服务业合作区，到近年的沪港通、深港通、基金互认，都令香港直接得益。2018年，港交所降低了生物科技企业上市时的市值门槛和引入允许同股不同权等措施，有望吸引更多的生物科技及新经济公司到香港上市。事实上，近期中央政府已多次表明支持香港建设成"国际创新科技中心"，故此，未来可预计创新及科技业对香港的GDP贡献有望进一步加大。香港的专业服务、融资及财富管理水平都是世界级，未来在大湾区规划下，将有很大的发展空间。

同样以粤语作为主要语言，广州与香港在企业交流方面较有优势。广州更是大湾区的交通枢纽及人才培养基地。从广州出发可以利用铁路到达全国多达210个城市和利用航空接通世界42个国家、201个城市。同时，广州人力资源充沛，高校在校生人数超过100万，为大湾区的发展注入大量的人才资源。在产业方面，由于传统批发产业增长放缓，广州亟需升级转型第三产业。近年广州在通信、科技、媒体等新兴服务业有不错的发展。此外，广州的区域面积是深圳的4倍，香港的10倍，因此有别于深圳、香港和澳门，还可发展汽车、面板和装备制造等高端制造业。长远而言，广州区位优势明显，大湾区领头羊地位难以被取代。

如前文所述，澳门是全球最大赌城，2017年的博彩收入是美国拉斯维加斯的4.7倍，达331亿美元。未来将联同珠海横琴发展综合旅游业。总体而言，香港、澳门、深圳、广州都是粤港澳大湾区内的重点城市，其中香港、深圳、广州GDP已超人民币2万亿元，深圳预计2020年GDP总量更将突破3万亿，成为大湾区内最大的经济体。在人均GDP方面，香港和澳门在湾区城市中最高，预计到2020年更会分别上升至人民币34万元及人民币52万元左右，分别是深圳1.6倍及2.5倍。广州和深圳都是未来高校生在校人数增长较多的城市，而且人才扶持政策竞争力较高。我们相信，这四个城市将继续提升现有的实力，在中央政府各种优惠措施的帮助下，继续带领大湾区向着中国最大经济区域甚至国际最大湾区的目标进发。

（2）第二个层面：受惠于龙头城市的外溢效应，有望成为最具发展潜力城市——东莞、佛山。在广州及深圳的进一步发展下，对邻近城市带来正面的外溢效应，带动人口增长和产业升级，从而推动这些城市的经济发展和物业需求。东莞和佛山有望率先受惠，此后进一步的外溢会扩展至惠州。东莞和佛山已经逐步实现了从劳动密集型的制造业向先进制造业、高科技制造业的转型。预计两城在 2020 年 GDP 将分别达万亿，位列湾区经济第二梯队。随着广州和深圳两个城市的地价、租金和人力成本的上涨，不少低增加值产业有外溢的趋势，以便腾出空间发展更高端的服务业。地理上，广州与佛山、深圳与东莞同城化的趋势将不断强化，多条跨市地铁线路的开通将出现跨城市的一小时通勤圈，令东莞、佛山有望承接广州和深圳的产业外移，成为大湾区内增长潜力最高的城市。东莞科技制造业实力雄厚，目前高新技术企业数量及产业增加值分别超过 4000 家及 1000 亿元人民币，位列大湾区地级城市之首。未来作为广深港科创走廊的重要节点城市，配合广深港高铁虎门站的开通，将大大促进东莞与广深港的快速连通，从而承接三地的科技产业外溢。佛山的金融高新服务区是广东省唯一省级金融后台服务基地，从 2007 年成立至今，已经吸引了近 360 家金融机构及知名企业设立后台总部，聚集了 5 万多名中高端金融人才，同时高等教育人才数量在湾区属于前列。随着广州和佛山同城化的深入以及往后珠三角新干线机场的开通，预料佛山未来将继续吸引国内外大型金融企业落户、成立后台总部。

（3）第三个层面：大型基建带动产业过江，加快人口增长——珠海、中山、肇庆、江门、惠州。根据"十三五"规划，珠海、中山、江门及肇庆在 2020 年的 GDP 规划均在 5000 亿元及以下，产业发展较为综合。由于它们位处珠江口西岸，跟东岸核心城市联系不足，发展速度一直落后。在规划及在建的多个跨海工程落成后，珠江口东西岸的交流将更顺畅，为西岸经济及房地产市场注入新动力，发展有望提速。珠海受惠于港珠澳大桥的开通，将会带动香港、澳门、珠海旅游业发展，形成一个在华南乃至整个大中华区都具影响力，当中包含了观光购物、博彩娱乐、主题公园以及会议展览的多元旅游枢纽。此外，横琴和中山也有发展中医药和的生物医药产业，将有效带动大湾区在健康产业的投资、研发和生产。同时，澳门大学在珠海设立横琴校区，有利发展大湾区西岸的教育产业。中山是这两轮基建项目的最大受益城市。相比珠海，中山更靠近湾区中心位置的同时，也是多个过江交通设施包括深中通道和深湛铁路在西岸的落脚点。这些基建设施落成后，中山到深圳机场的陆路交通时间将从约 2 小时，缩短到半小时；从中山到达深圳的铁路时间将由现在的 90 分钟缩减到 1 个小时以内。中山也同时是大部分往粤西基建项目的必经之路，中山在西岸的区位优势大为提升，成为连接东西岸的重要支点，发展为西岸重要的交通枢纽，并有望承接深圳的经济及人口外溢，居住和就业人口增长有望提速。

深中通道将于2024年通车，是整个大湾区中继港珠澳大桥后，最具影响力的基建之一。东西岸连接对大湾区物流资源重新配置最有利，一方面可以疏导深圳和东莞的仓储压力，也可以开发中山、珠海、江门和肇庆等城市的高端生产和物流服务市场，有利西岸港口发展。虽然江门和肇庆并非处于大湾区的中心位置，但它们腹地辽阔，交通联系的改善将有助于成为物流企业布局大湾区的重要选址，接受外溢需求，也可以为大湾区旅游业提供更多都会城市以外的自然观光旅游资源。

在另一边的惠州，从现有的经济发展和产业状况来看，其主导的支柱产业为石油化工和电子信息。电子信息产业和东莞相比还有一定差距，与周边城市的融合主要体现在依托区位优势和住宅差价带来的主要来自深圳的跨城市住宅投资。此外，惠州拥有海岸线资源，包括巽寮湾、大亚湾、海龟湾、平海古城、海滨温泉等滨海旅游资源，可以吸引来自湾区其他城市的旅游人群。另外，新一轮的基建项目，包括深赣铁路和广汕铁路都将途经惠州，共设有四个高铁站，均位于惠城市区周边，建成后，将结束惠州市区没有高铁站的历史，令惠州江北到达广州天河的时间从约120分钟缩短至60分钟以内，到达深圳龙华的时间从90分钟，缩短到不足半小时，大幅提升惠州市区与湾区核心城市的通达能力。

（三）京津冀城市群

京津冀城市群涉及北京、天津两个直辖市，河北省石家庄、保定等11个地级市及新设立的雄安新区，以全国2%的土地面积和6.5%的人口，贡献了全国9%的GDP。作为中国五大城市群中唯一的北方城市群，京津冀城市群在全国的经济版图中占有重要的地位。

但是，我们也同时看到，京津冀一体化优势仍未充分体现。尽管以北京这一中国首都和超级城市为龙头，又拥有北方最大的港口城市天津和石家庄、唐山两个GDP全国排名前30的城市，但京津冀城市群的经济总体量、发展协同性和活力均落后于长三角和珠三角。

尽管区域协同发展早在2004年就达成共识，但直到2015年开始才取得实质性进展。其中，《京津冀协同发展规划纲要》的通过具有里程碑的意义。与此同时，随着近年来一系列条件的日趋成熟，京津冀城市群协同发展有望突破此前所遇到的挑战和障碍，在未来几年将进入加速阶段。其中，基础设施在未来几年的集中交付，是区域协同发展的关键驱动因素。

（1）2004～2009年为萌芽期：京津冀三地发展改革部门多次联合召开战略研讨会、座谈会，达成"京津冀都市圈"合作框架的共识。

（2）2010~2014年为探索期：2011年，国家"十二五"规划纲要提出"首都经济圈"，京津冀协同发展上升为国家区域发展战略。2014年，北京、天津与河北三地签署多份合作框架协议，涉及中关村科技园、曹妃甸、新机场、交通一体化等方面。

（3）2015年至今为推进期：

① 2015年4月，中共中央政治局通过《京津冀协同发展规划纲要》。

② 2015年6月，三地政府、中国铁路总公司成立京津冀城际铁路投资有限公司。

③ 2016年2月，印发《"十三五"时期京津冀国民经济和社会发展规划》，京津冀三地统一制定发展规划。

④ 2016年6月，《京津冀产业转移指南》发布。

⑤ 2017年9月，国务院批复《北京城市总体规划（2016-2035年）》。

⑥ 2018年2月，河北省政府出台《河北省关于贯彻落实〈京津冀协同发展科技创新专项规划〉的实施意见》。

⑦ 2018年4月，国务院批复《河北雄安新区规划纲要》。

1. 城市发展高度不均衡。传统上区域城市间经济梯度落差过大，行政资源分配不均衡，腹地城市实力弱，制约整体竞争力。2015年印发的《京津冀协同发展规划纲要》将京津冀一体化发展提高到国家战略层面，由中央政府主导统筹规划和推进实施，也为三地建立协调机制提供了政策保障；基础设施是区域协同发展走出的第一步，而随着政府引导高校、医院向京外转移或开设分支机构，以及京津冀交通一卡通、电子收费系统联网、医疗信息共享等为开端的数据共享化推进，区域内人才、信息等资源流动的壁垒将逐步降低。

2. 城市间联动性不足。由于缺乏其他两大城市群具备的河流运输网络，历史上区域城市间贸易和市场联系有限，此外城市间行政壁垒长期存在，缺乏产业分工和生态链，产业发展重复和无序竞争较严重。2015年印发的《京津冀协同发展产业转移对接企业税收收入分享办法》规定符合条件的企业在迁出后3年内缴纳的增值税、企业所得税、营业税，由迁入地区和迁出地区按50：50比例分享，为区内的共赢发展提供政策鼓励；2017年12月，京津冀协同发布了《关于加强京津冀产业转移承接重点平台建设的意见》，首次联合制定引导地区间产业有序转移与精准承接的措施；由中央政府顶层设计，京津冀各地政府配合实施，各城市将把资源集中到自身有比较优势的产业上；基础设施网络的铺垫在产业发展上将有效扩大各城市的辐射范围和加强城市间联动性，这对人流和物流要求较高的批发贸易、旅游休闲等产业一体化的促进尤其明显。

3. 环境改善是核心课题。核心城市功能和人口过度密集，加上历史上区域以重工业为产业发展重点，生态环境质量和宜居品质不佳，对腹地城市吸引第三产业发展所需人才影响尤其明显。《京津冀协同发展规划纲要》把生态环保一体化作为三个率先突破的领域之一。在升级原来以高污染、高能耗工业为基础的产业结构，改善京津冀核心城市生态环境和宜居度，并加强其人才和高端服务业竞争力的迫切需求下，天津、河北的第三产业和现代制造业将面临巨大的发展机遇；政府加大对区域环保、医疗、信息化、新能源、新材料等领域的投入将为相关产业发展创造大量需求；基础设施尤其是高铁网络的完善也为以人才流动为驱动力的第三产业发展夯实基础。

（四）长三角

长三角城市群处于东亚地理中心和西太平洋的东亚航线要冲，是"一带一路"与长江经济带的重要交汇地带。长三角城市群的规划范围在上海市、江苏省、浙江省、安徽省之内，包括上海市，江苏省的南京、无锡、常州、苏州、南通、盐城、扬州、镇江、泰州，浙江省的杭州、宁波、嘉兴、湖州、绍兴、金华、舟山、台州，安徽省的合肥、芜湖、马鞍山、铜陵、安庆、滁州、池州、宣城，共26座城市。

长三角区域面积21.17万平方公里，占全国国土面积的2.2%，但人口与GDP产值占比却高达11.0%与20.0%。考虑到三省一市（上海、江苏、浙江、安徽）合计的人口与GDP占比分别为16.1%与23.6%，长三角区域可谓将三省一市的繁荣地区尽收囊中。

长三角经济水平明显位于全国前列，人均GDP达108225元，超59660元的全国平均水平；城镇分布密度达到每万平方公里80多个，是全国平均水平的4倍左右；国际化程度高，进出口水平在全国占比32%，而上海更是在自贸区的依托之下，进出口在全国份额高达12%；科教与创新资源丰富，拥有国家工程研究中心和工程实验室等创新平台近300家，年研发经费支出和有效发明专利数均占全国的30%（表3-1）。

长三角地区概况 表3-1

	长三角	上海	南京	杭州	江苏	浙江	安徽	三省一市合计
人口占比	11.0%	1.7%	0.6%	0.7%	5.8%	4.1%	4.5%	16.1%
面积占比	2.2%	0.1%	0.1%	0.2%	1.1%	1.1%	1.4%	3.7%
GDP占比	20.0%	3.6%	1.4%	1.5%	10.4%	6.3%	3.3%	23.6%
进出口占比	32%	11.6%	1.5%	1.8%	14.4%	9.2%	1.3%	36.5%
消费占比	—	4.0%	1.5%	—	9.9%	5.7%	3.0%	22.6%
工业占比	22.1%	3.0%	1.4%	1.4%	12.3%	7.5%	4.1%	27.0%
财政收入在地方本级中占比	21.5%	7.3%	1.4%	1.7%	8.9%	6.3%	3.1%	25.6%

	长三角	上海	南京	杭州	江苏	浙江	安徽	三省一市合计
专利授权占比	–	3.9%	–	–	14.2%	13.6%	3.7%	35.5%
高校数占比	–	2.5%	2.0%	1.5%	6.4%	4.1%	4.6%	17.6%
人均GDP（元）	108225	124600	141103	134607	107189	92057	44206	–
房屋销售价格（元/m²）	–	24747	17754	15753	8805	11121	5924	–

NASA 地球"夜灯"图像可以对城市发展水平与人口聚集程度进行直观观测，从 2016 年的情况来看，长三角与珠三角地区明显大面积高亮，核心城市对周边省市的外溢效应相对较强，而京津冀地区的亮灯明显聚集在北京、天津两市，区域性的联动发展要相对较差。

1. 区域内静态结构

在城市群的发展过程中，一个相对普遍的经验规律是第一大城市 GDP/第 K 大城市 GDP＝K，以下我们从这个角度来对我国三大城市群区域静态结构进行度量：以"第一大城市 GDP/第 K 大城市 GDP＝K"作为基本标准，若实际第一大城市 GDP/第 K 大城市 GDP<K，则意味该城市群周边城市与中心城市梯度差异相对较小，经济结构相对均衡；反之则表明城市群经济梯度差异相对较大。

数据显示，我国长三角城市群（包含 26 个城市）基本位于标准线下方，仅安徽省内三个小城（宣城、铜陵、池州）的倍数比值大于 K，城市群内梯度差异较小；珠三角和京津冀城市群（各包括 14 个城市）之间的经济梯度差异明显高于长三角城市，其中珠三角地区第 5 大城市开始高于标准线，京津冀地区仅北京、天津两市位于标准线下，其余城市均位于标准线之上。由此可见，若以 GDP 的角度度量区域间的经济结构均衡性，则是长三角>珠三角>京津冀，且长三角城市间的均衡程度显著高于后两大城市群。

除了 GDP 的角度之外，我们同样使用"第一大城市/第 K 大城市"的方法对城市群的人口与资本的结构梯度进行了度量，其中人口指标选取各城市常住人口，资本指标选取各城市存量规模。数据显示，人口结构均衡性方面，三大城市群之间的优劣并不显著；但资本结构均衡性方面，三大城市群之间存有明显优劣，整体上长三角资本梯度差异更小，结构均衡性相对更小，不过若仅比较前 5 大城市的资本结构梯度，长三角与珠三角的优劣差异不大。

综合 GDP、人口、资本三维度，长三角城市群区域均衡性在三大城市群中最为良好，区域经济发展情况相对更好。三大城市群中，京津冀城市群的区域均衡性明显较差，其核心城市对周边城市的虹吸作用可能强于外溢作用。

虽然长三角城市内部经济发展相对均衡，但哪些城市属于"富饶"排行的第一梯队仍然值得关注。仍从人均 GDP 的角度来看，2016 年人均 GDP 处于前 1/4 分位的城市依次为苏州、无锡、南京、杭州、常州、镇江，而上海则以微小差异掉落至第二梯队。在长三角 24 个城市之中，上海人均 GDP 仅位列第 7 名，这也进一步侧面显示江浙地区的富饶程度之高。

2. 区域内的动态联系

对于长三角内部城市之间的经济生活联系紧密程度，滴滴平台发布的《2016 年长三角智能出行大数据报告》所透漏出的信息值得关注。滴滴利用出行大数据，以城市 A 打车出行的用户中来自城市 B 的人数来定义城市 A、B 之间的连接程度，据此计算了城市吸附指数。数据显示，长三角城市中，城市吸附指数大于 60 的"区域网络中心"有三大城市——杭州、上海、南京，吸附指数在 20~60 的"次区域联络中心"则包括有 7 大城市。总体上看，区域网络中心多点分布格局侧面显示区域内具有相对较好的动态联系网络。

将长三角城市之间的网络链接程度与京津冀地区进行横向对比可以更好地显示出前者在区域联系方面的显著优势：京津冀地区城市吸附指数大于 60 的"区域网络中心"仅有北京一座城市，吸附指数在 20~60 的"次区域联络中心"仅包括天津与石家庄 2 座城市。

另外，从报告中公布的城市网络链接示意图中可以看出，在上述度量方法下，与上海联系最为紧密的城市是杭州与苏州，南京相对次之，可见地理距离仍是紧密联系程度的重要影响因素。杭州与绍兴、宁波、金华之间的联系也较为紧密，但与同距离的苏州、无锡联系程度却相对较弱，可见城市之间的联系仍受到了省级行政区域划分的割裂影响。

值得说明的是，事实上滴滴公司是在利用人群的定位信息在进行大数据分析，在 A 城市频繁活动的人群中实际来自城市 B 的人数比例确实可以很好地体现两城市之间商业、生活联系的紧密性。其揭露出的信息值得关注。

当前政策面对都市圈交通网的大力推动可谓进一步提升了城市群的内部基建优势：《"十三五"现代综合交通运输体系发展规划》提出："重要城市群核心城市间、核心城市与周边节点城市间要实现 1~2 小时通达"；《长江三角洲城市群发展规划》指出："加快打造都市圈交通网，提供同城化交通服务，推行不同客运方式客票一体联程和不同城市一卡云通"；《上海市城市总体规划 2035》表示要"推动近沪地区（90 分钟通勤范围）及周边同城化都市圈的协同发展"。

事实上，当前上海同城化都市圈的发展已经有了很好的基础，上海与近沪地区主要城市基本已经实现了 2 小时通达，其与苏州、嘉兴两地的高铁通达时间只需 30 分钟，与无锡、杭州、常州的通行时间也可基本保持在 1 小时以内。

我们将三大城市群的产业实体、对外资的吸引能力、金融业发展进行了横向对比，其中选取的代理指标分别为"拥有上市公司数量占比""吸引外企数量占比""拥有金融公司数量占比"。不过由于数据限制，我们仅从省级与直辖市的口径下进行粗略比较，数据显示长三角所处的三省一市在上述三大领域均具有绝对优势。（值得说明的是，由于长三角的区域划分已将三省一市的繁荣地区尽收囊中，在三省一市中的 GDP 占比高达 85%，所以三省一市相对较大的口径并不会对横向比较结果产生明显高估）。

具体来看，长三角地区所处的三省一市拥有上市公司数量占比达 33.9%，吸引外企数量占比 34.7%，金融公司数量占比 29.9%。三省一市在上述三个领域均在全国范围内占据约 1/3 的体量，且与珠三角所处的广东省、京津冀所处的一省两市相比具有明显优势。

与首都北京相比，上海市在吸引外资和金融业方面优势显著，其中外资企业数据占比和金融公司数量占比分别为 15.7% 和 20.9%，而北京仅分别为 6.0% 和 15.4%；上市公司数量占比上，上海以 7.9% 的水平略逊于北京的 8.8%。另外在金融业的发展方面，上海拥有基金公司占比和期货公司占比上明显处于领军地位，其中基金公司占比超全国 3 成，期货公司占比也高达 23.1%。

除了受益于近一年国内一、二线城市吸引力转变之外，长三角城市群还在大力引进国际英才。《长江三角洲城市群发展规划》指出，要"建立紧缺国际人才清单和移民职业清单制度，重点招揽最有价值的科技、投资、营销、创意等人才。建立海外高层次人才储备库和留学回国人员数据库，定期发布紧缺人才需求报告，拓宽国际人才招揽渠道。在制定外籍高层次人才认定标准基础上，全面放开科技创新创业人才、一线科研骨干、紧缺急需专业人才的永久居留政策，放宽其他国际人才长期居留许可的申请条件。放宽紧缺领域国际移民的准入限制，在上海率先探索放宽特殊人才国籍管理"。北京和上海无疑是国内最强高校的聚集地、高学历人群的孕育地，但在一线城市高房价、高生活成本、高落户门槛和二线城市纷纷开启"抢人"政策的助推下，近一年来国内人才流动特征产生了一些新变化。根据中高端人才职业发展平台猎聘发布的《2018Q1 中高端人才薪酬与流动大数据报告》，2016 年四季度至 2018 年一季度的时间区间内，全国人才净流入率排名最高的 15 个城市中，二线城市的表现最为出彩，而位列第一名的杭州更是将其他城市远远甩在后方；除杭州之外，南京、合肥、上海、苏州这些长三角城市也依次上榜，长三角城市最终包揽榜单的 1/3 席位。（值得说明的是，虽然北京、上海也于 2018 年加入"抢人浪潮"，但对人才质素的门槛要求显著高于其他城市，总体上北京、上海依然是严控人口的）。

第四章
3D 城市研究

（一）核心观点

城市化不仅仅是城市化率的提高，城市化也未必总是发生在城市。

城市化未必意味着城市的增长，也可能意味着城市的衰落和转型。

城市化并不意味着同步增长，有的城市会增长更快，有的城市增长相对较慢或不增长；未来立足于城市分工和效率提高，沿长江中游一带的合肥、长沙、武汉、重庆、成都会增长更快。

中国不太可能实现多极化增长，中国未来的"增长极"将从沿海转向长江中游一带，呈现一个"十字星状"，这种转移将显著改变中国的基础设施使用结构和供应链效率。

看好：①种业、农药升级、复合肥；②玉米和棉花的收割机械；③汽车、智能手机、空调、洗衣机等耐用品消费；④个别内陆中心城市的住宅地产，一线城市的商业地产；⑤一线城市可贸易服务业和可触性、体验性、个性化消费业；⑥物流地产和工业地产；⑦基建投资总体趋缓的情况下，车辆设备投资、城际交通、城市生活设施投资的机会更大。

（二）基本事实

城市并不总是意味着增长，城市的收缩甚至衰落也是一种常态。从城市大样本数据统计：工业的兴起往往是城市增长的驱动力，一个城市随着第一产业占比下降，人均 GDP 先加速上升、后减速上升；工业的萎缩往往也是城市衰落的根源；事实上，导致城市衰落的因素已在中国"潜伏"。

城市的分化一直存在，有的城市增长，有的城市不增长。城市繁荣在地理空间上的分布是不平衡的：一些城市迅速变富，另一些城市则永远被隔离在繁荣的大门之外。

不同城市群之间同步繁荣的条件极为苛刻。这通常取决于几个条件：①一国贸易中心的地理位置；②是否拥有一个占据主导力量的贸易伙伴，如是，则贸易更容易被拉往一个方向。印度类似于美国，最有可能实现不同城市群之间的共同发展。巴西是一个典型的反例，城市增长的引擎集中在南部，北部地区事实上成为真正的外围。

繁荣的中心城市从来不会将她的邻居置于贫困。即"邻里关系"很重要。在繁荣的地方，邻近是上天的恩赐；在贫困的地方，邻近是一种可怕的诅咒。

中心城市的辐射范围取决于它的"知识和技术密度"。中心—外围城市实现同步、持久繁荣的可能性取决地中心城市的"知识和技术密度"：城市中心就像是一个喷泉，水压越大（代表技术水平越高），喷泉就可以喷得越高，它带的水花就可以散得更远，在风力的作用下（交通和运输网络），水花所能滋润的地理空间（外围城市）就会越广。

中心—外围城市之间的距离不宜太近，也不宜太远。中心—外围城市实现同步、持久繁荣的可能性也取决地中心—外围城市的距离：换言之，中心—外围城市之间的距离要适度，因为距离远，以避免中心城市的高地价，又不能离得太远，在通勤范围之外。

上帝的恩赐可能变成诅咒，资源是一把双刃剑。资源是一把双刃剑，既是财富的源泉，又是潜在贫困的祸根。这是因为：①自然资源并不"自然"，只有技术才能决定什么是真正的资源；②自然资源价格具有较强的周期性和依附性；③资源型城市具有天生的"反对进步、反对改变"的倾向。中国的资源型城市早晚会面对"资源诅咒"。

（三）"3D 黄金法则"

为什么有的城市繁荣，繁荣的城市又为何衰落？

我们的解释是"3D 黄金法则"：①Density，密度；②Distance，距离；③Division，分割（开放）。某种程度上，城市即是"密度、距离、开放"的组合体（图 4-1）。

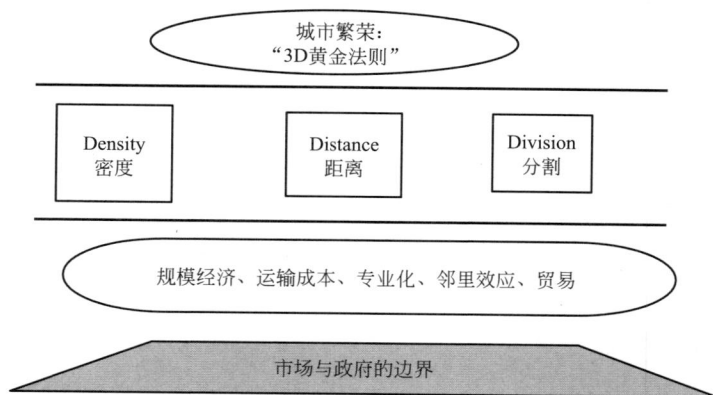

图 4-1　3D 黄金法则

1. 密度是指人口和经济活动的地理集中度，较高的密度是城市繁荣的基础条件，但是过高的密度又是一种负担（图4-2）。历史上，人口流入和密度提高的过程，也是中国的上海、北京、深圳实现繁荣的过程，但是现在可能正往相反的方向发展。例如，深圳常住人口已经开始负增长。

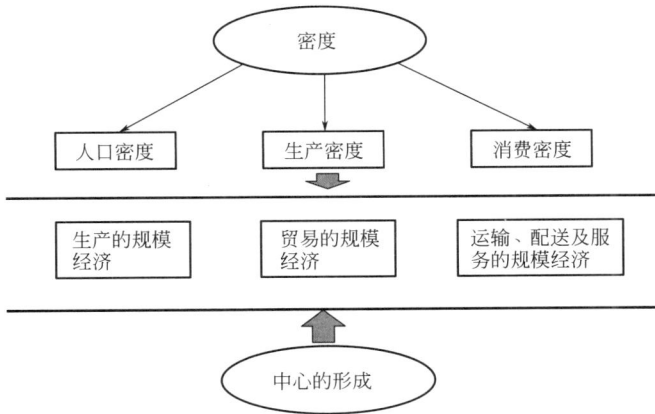

图4-2　密度对城市影响

2. 距离是指商品、服务、劳动力、资本、信息和知识穿越空间的难度程度。①对于商品和服务贸易，所谓"距离"，最关键的含义是交通通信网络的建设；②对于劳动力流动，距离往往会涉及"心理成本"、文化差异以及人为的政策障碍。距离的缩短会增大一个城市实现增长的概率，但是也会降低现有城市的空间垄断优势。例如，铁路兴建会打破港口城市的优势（美国芝加哥的兴起和圣路易斯的衰败即是如此）；也有一些地方，因为基建的成本较高，距离可能永远也无法彻底缩短，如中国的新疆（图4-3）。

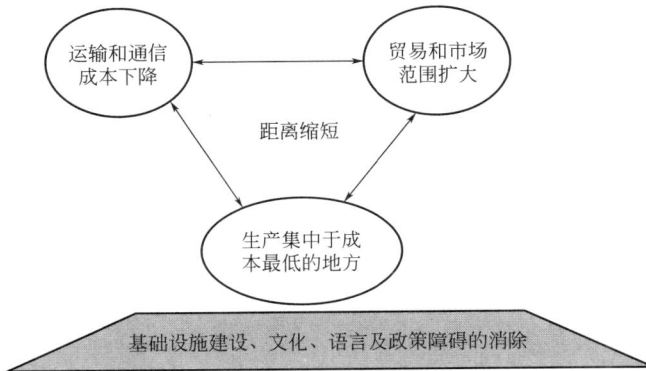

图4-3　距离的影响

3. Division（分割）这里的含义是减少分割，即扩大开放。开放可以使得一个城市发展成为国际大都市，但也会削弱现有国际大都市的国际竞争力。

过去 10 多年，深圳事实上因为开放，成为香港的郊区而增长，下一阶段，如果深圳成功转型，则香港甚至有可能成为深圳的"郊区"。

合适的政府公共职能是对 3D-黄金法则的适当补充。有限度的政府公共职能对于城市的发展是一个必要的补充，但这个"度"很有限，试图阻止市场力量发挥作用的政策行为都只会适得其反（图 4-4）。

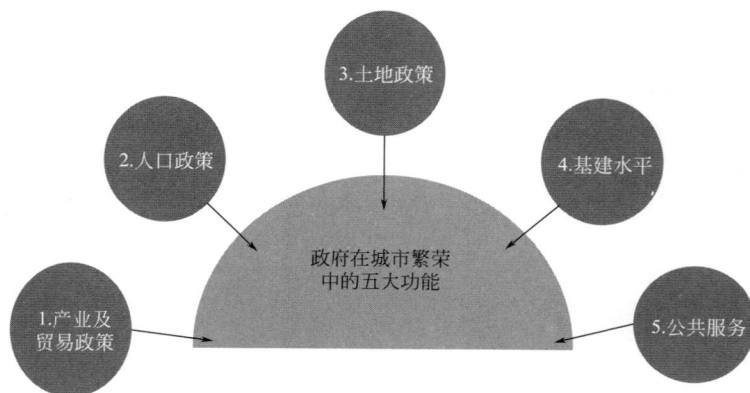

图 4-4　政府五大功能

（四）未来趋势

未来的总体路径是实现 3D-城市化：①中小城镇，处于城市化初期，将走向以提高密度为核心的"1D-城市化"；②内陆中心城市，处于城市化中期，将走向以缩短距离为核心"2D-城市化"；③沿海发达城市，处于城市化后期，将走向扩大开放为核心的"3D-城市化"（表 4-1）。

表 4-1

所处阶段	城市化率	省份	人口占比	GDP 占比	国土面积占比
1-D 城市化	30%~50%	贵州,甘肃,云南,河南,四川,广西,新疆,河北,江西,湖南,陕西,山西,宁夏,青海,安徽	0.51%	0.29%	0.686%
2-D 城市化	50%~70%	福建,广东,湖北,重庆,内蒙古,吉林,黑龙江,辽宁,浙江,海南,山东	0.45%	0.61%	0.31%
3-D 城市化	>70%	北京,上海,天津	0.04%	0.1%	0.004%

（五）"1D-城市化"

部分地级市、县城、独立镇都处于以提升密度为核心的 1D 阶段。目前中国 6.9 亿城市常住人口中尚有近 40% 居住在县区和镇区（图 4-5）。

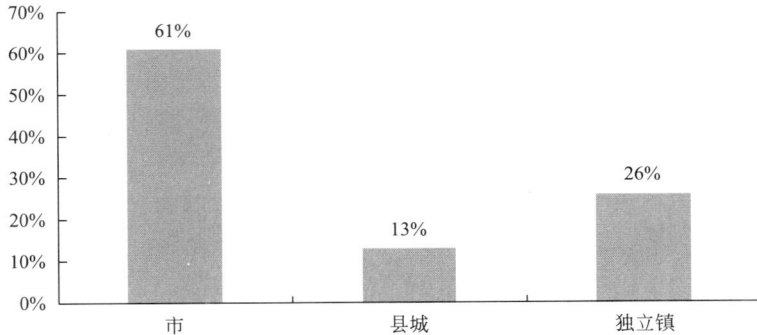

图 4-5　市、县城、独立镇常住人口分布

1. 1D 区处于城镇化率的"加速区"。从城镇化指标看，50%是一个标志性的转折点，即在 30%~50%区间是加速时期，50%~70%是减速时期。而 1D 区城镇化率在 30%~50%，处于城镇化加速区（图4-6）。

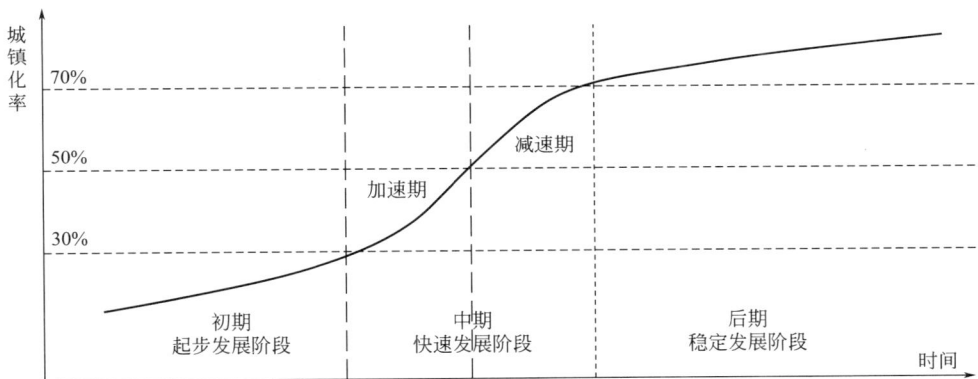

图 4-6　城镇化率变化特点

2. 1D 区处于人口"回流区"。安徽、河南、四川、湖南、湖北、重庆等人口净流出省市未来将面临约 5000 万~6000 万的大规模人口回流，这些回流人口将集中在县外省内和乡内县内就业，从而改变现有大中小城镇的人口密度。更为重要的是，流动人口老龄化趋势日益明显，40 岁以上农民工所占比重逐年上升，他们回流的意愿最强，这种人口结构趋势或将意味着未来人口回流的速度将会很快。作为一个微观案例，可以发现作为上市公司涪陵榨菜的分区销售份额占比数据的变化已经印证了这种人口回流的趋势正在加速。（注：多数微观调研数据认为榨菜、方便面、火腿肠是流动人口消费最为常见的快销品）

3. 1D 区是农村转移人口市民化和启动户籍制度改革的主要领域。预计 2020 年常住人口城镇化率将达到 60%，其中农村转移人口市民化的规模约为

1亿人，考虑到中小城镇的户籍将全部放开，这里的转移空间将会更大（图4-7）。

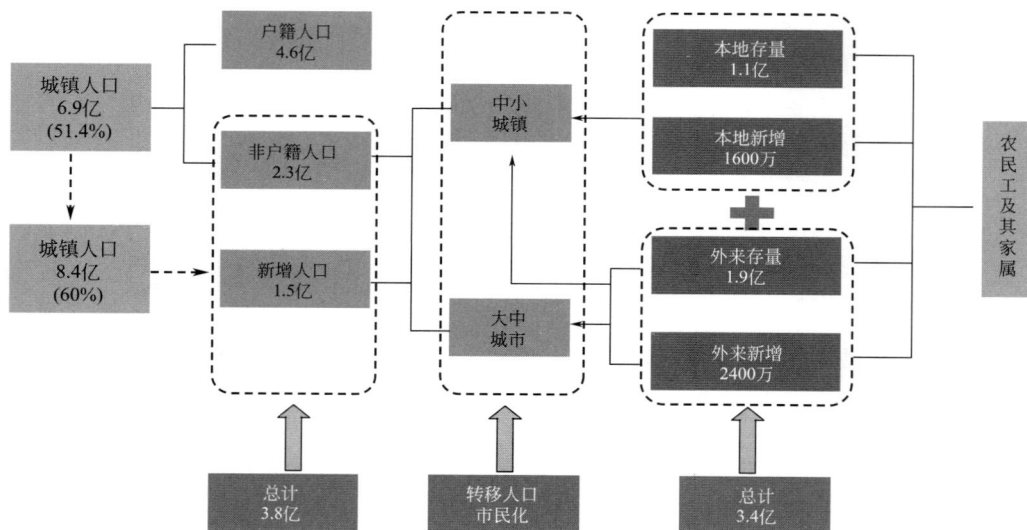

图4-7　人口流动及户籍人数

下一阶段的土地改革也将在很大程度上促进1D区转移人口市民化。图4-8为土地改革的可能方式。

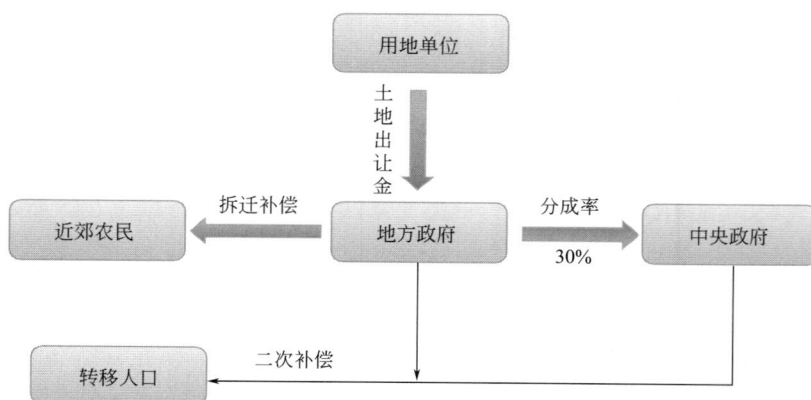

图4-8　地改革可能方式

4. 1D区是也是耕地流转和农业规模经营的主要阵地，将进一步释放农村劳动力。目前流转水平最高的地方集中在沿海发达省市，2011年上海、北京、江苏、浙江的流转面积占比分别已达58%、46%、41%、40%；从目前趋势看，下一阶段，中西部粮食大省推进耕地流转的速度较快、潜力更大。2011年甘肃、河南、山西、河北的流转面积增速分别高达88%、51%、50%、46%。

5. 1D 区是未来最有增长潜力的产业将主要围绕农业产业链条的延伸而展开（图 4-9）。

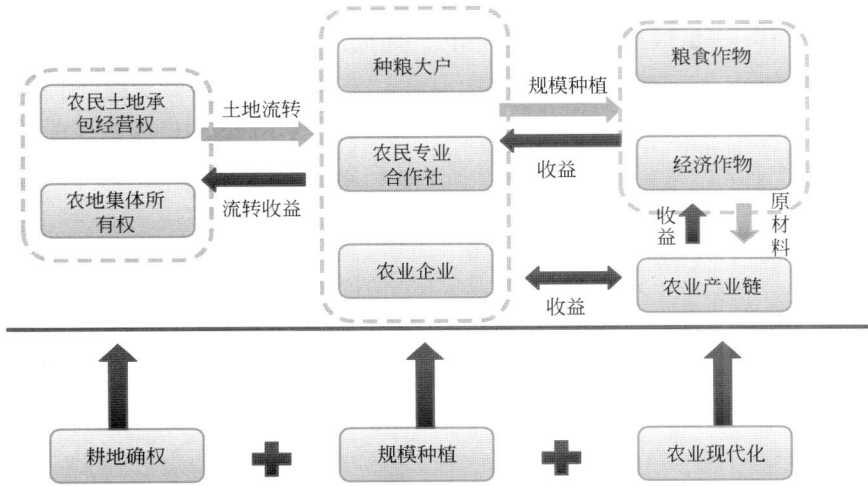

图 4-9　农业产业链条

综合以上条件，初步选择出如表 4-2 所示的有潜力的 1D 城市。

有潜力的 1D 城市　　　　　　　表 4-2

省份	市	一产占比	人口规模（万）	06-10 就业人数年均增加	06-11GDP 累计增速
河南省	驻马店市	27.58	886.1	4.25%	120.3%
湖北省	黄冈市	28.64	742.41	4.98%	167.2%
湖北省	荆州市	27.6	658.17	4.38%	138.1%
湖北省	孝感市	21.38	531.05	11.89%	137.1%
湖南省	衡阳市	18.62	791.62	4.69%	159.9%
湖南省	永州市	24.84	610.65	4.04%	128.1%
云南省	曲靖市	18.26	626.4	10.12%	125.4%
湖南省	常德市	18.78	623.11	10.12%	125.4%
安徽省	阜阳市	27.34	1011.84	1.63%	125.5%
广西壮族自治区	玉林市	20.44	674.59	3.48%	148.8%
江西省	赣州市	18.92	907.27	2.60%	129.3%
云南省	昭通市	19.61	574.24	4.06%	137.7%
湖南省	邵阳市	23.89	793.97	1.80%	121.5%
河南省	信阳市	26.38	870.22	1.49%	117.0%
安徽省	亳州市	26.75	600.76	2.39%	109.8%
湖南省	岳阳市	14	565.62	20.25%	159.0%
河南省	周口市	29.77	1224.35	0.70%	108.7%
四川省	资阳市	23.08	501.13	3.61%	178.7%
河南省	开封市	23.65	534.7	3.19%	130.1%

（六）"2D-城市化"

2D-城市化的核心是内陆城市群通过缩短距离，实现城市产业分工。即劳动力在中心—外围城市之间、沿海—内陆之间的重新匹配，在进一步提升城市密度的同时，重点在于缩短距离。实现人口、资源在第二产业内部的再配置。换言之，2D 区处于一个"要密度、减距离、要分工、不拥挤"的过程（未来的产业方向将会是中高端制造业和中低端服务业）（图4-10）。

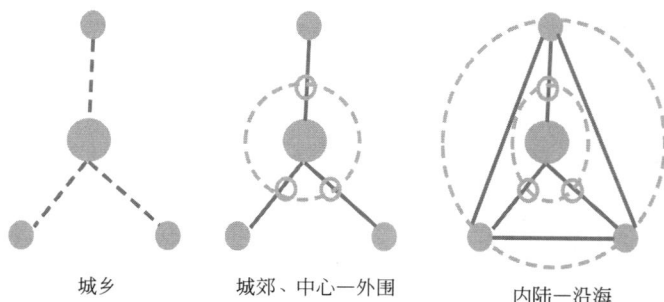

城乡　　　　　　城郊、中心—外围　　　　　　内陆—沿海

图 4-10　2D-城市化的核心

距离缩短是 2D 区城市实现产业重新分工和人口重新布局的关键。2D 区承上启下，需要缩短二个层面的距离：①发展地上基础设施（城际公交、城际铁路、城际客运、支线机场）、通信网络、地下基础设施（轨道交通、石油燃气管道），将城市与郊区、中心与外围之间联成一体，降低生产和贸易成本；②发展高速铁路、高速公路，将内陆中心城市与沿海中心城市联成一体，承接产业转移。最终的结果是实现沿海—内陆城市之间的交通一体化和城市群内部的交通网络化。距离一旦缩短，不同行业基于不同的"距离敏感度"，将在不同城市及城市—郊区之间实现产业的重新配置。人口也将在城市地理空间上实现重新的布局（图4-11）。

距离一旦缩短，内陆不少城市的土地价值也将得到重估。过去 10 多年，中西部城市的土地扩张速度远快于东部发达城市，随着人口和产业的增长，这里的土地价值将会有所提升。内陆城市不会同步增长，有的中心城市增长更快，有的中心城市则相对滞后。

综合而言，我们更看好长江中游一带内陆中心城市的增长。

（七）"3D-城市化"

发达城市 3D-城市化的关键在于进一步扩大开放，成为"无界之城"。北京、上海和深圳作 3D 城市的典型代表，未来的增长潜力在于面向内外发展高端制造业和可贸易服务业。但于基于服务业的特征与工业有本质不同，这些城市的未来事实上是不确定的。

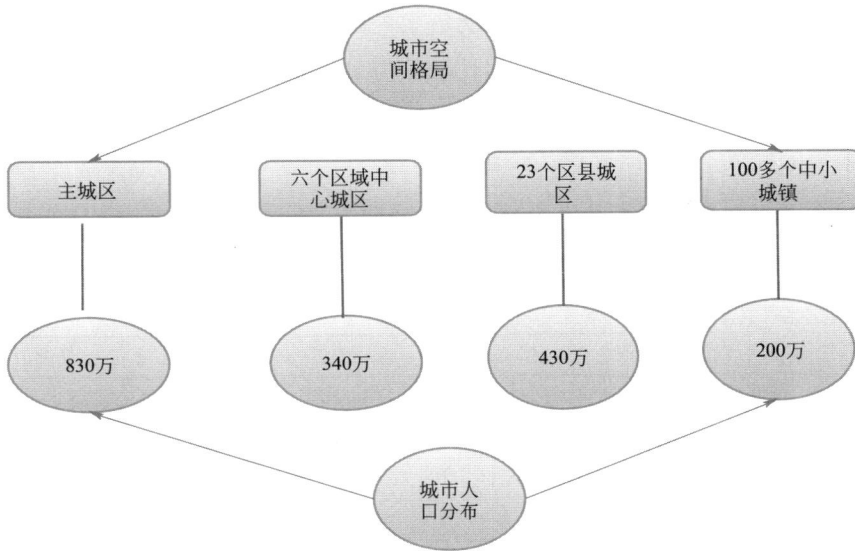

图4-11　城市空间格局与人口分布

这些城市过高的人口密度已经逐步成为一种负担，北京更为明显（表4-3）。

过高的地价、房价已经导致这些城市的人口流入速度放缓，未来甚至会负增长。与内陆中心城市相比，一线城市的吸引力可能正在下降。

北京市人口概况　　　　　　　　　　　　　　　表4-3

地区	人口密度 （人/km²）	人口密度 年平均增长率	常住人口 （万）	常住人口 年平均增长率	土地面积 （km²）
全市	1230	6%	2018.6	6%	16410.54
首都功能核心区	23271	1%	215	1%	92.39
东城区	21739	0%	91	13%	41.86
西城区	24540	3%	124	17%	50.53
城市功能拓展区	7731	6%	986.4	6%	1275.93
朝阳区	8038	5%	365.8	5%	455.08
丰台区	7096	7%	217	7%	305.8
石景山区	7519	4%	63.4	4%	84.32
海淀区	7898	5%	340.2	5%	430.73
城市发展新区	1001	10%	629.9	10%	6295.54
房山区	486	2%	96.7	2%	1989.54
通州区	1379	8%	125	8%	906.28
顺义区	897	5%	91.5	5%	1019.89
昌平区	1294	22%	173.8	22%	1343.54
大兴区	1379	11%	142.9	11%	1036.32

国际经验表明，工业城市的衰落是一种常态，而工业城市转型的关键是留住人才，提高城市对人才的吸引力，大规模的建设无助于城市的转型。为了实现这一目标，提高城市的宜居性往往是必要的政策选择，如加大居住和绿地用途的土地供给。因此，只有在土地、人才及相关政策上作出转变，这些城市的转型才有可能成功，实现可持续的增长，通过发展现代服务业，重塑增长的动力（表4-4）。

国际部分城市用地比重 表4-4

城市	年份	居住用地比重	绿地比重	交通用地比重	三者合计占比
大伦敦	2005	32.56	38.23	14.12	84.9
纽约市	2006	42.15	25.37	18.08	85.6
东京都区域	2006	58.2	6.3	21.8	86.3
大巴黎地区	1996	30	12	27	69
上海(现状)	2011	20.5	6.7	18.6	45.8
上海中心城区(规划)	2020	35.6	17.2	18.3	71.1

综合而言，随着交通网络的一体化，发达城市正面临内陆城市的激烈竞争，随着全球产业链的重新调整，发达城市也面临国际上其他城市的竞争，它们的未来并不必然如想象中的乐观。

（八）新机会

1.1D区的投资机会：（1）立足于农产品产业链，短期看好农资农机，中期看好农产品仓储物流投资、水利投资；长期看好农产品深加工、农业保险。农资的投资机会将主要体现在种子、复合肥以及农药的升级；农机的投资机会将主要体现机收领域："十二五"末，水稻种植及玉米收获机械化水平均达到30%以上，马铃薯、油菜种植与收获机械化水平达到20%以上，棉花采摘机械化水平达到15%左右（图4-12）。

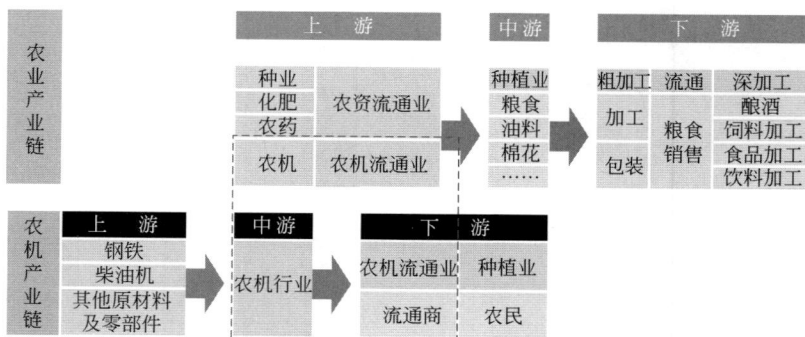

图4-12 农业与农机产业链

（2）农业规模经营过程中，粮食作物种植比例会继续降低，中长期的粮食价格或出现"倒逼性上涨"。

（3）回落人口的消费。汽车、电脑、洗衣机、电视机空间较大。中低端白酒、乳制品（表4-5）。

耐用品年末拥有量　　　　　　　　　　　　　　表 4-5

主要耐用物品年末拥有量	单位	全国	东部	中部	西部
小汽车	辆/户	0.04	0.06	0.02	0.03
照相机	架/户	0.08	0.13	0.05	0.06
微波炉	个/户	0.08	0.15	0.03	0.05
电脑	台/户	0.09	0.17	0.06	0.03
摄像机	台/户	0.09	0.02	0.06	0.26
空调	台/户	0.16	0.31	0.09	0.04
音响	套/户	0.21	0.26	0.14	0.23
热水器	台/户	0.24	0.42	0.12	0.15
电冰箱	台/户	0.46	0.59	0.41	0.33
摩托车	辆/户	0.57	0.68	0.54	0.44
洗衣机	台/户	0.61	0.7	0.53	0.59
电饭锅	个/户	0.74	0.85	0.7	0.65
电视机	台/户	1.23	1.3	1.24	1.14
移动电话	部/户	1.4	1.52	1.35	1.3
大型家具	件/户	3.75	3.89	3.52	3.87

（4）农村社区建设和乡镇合并。

可能的几类投资机会：①管网，污水污泥处理；②"小挖"是一块快速成长的蛋糕（受益于农村水利、社区建设、乡镇合并；相对而言，"中挖"更加受益于基建和房地产）；③水泥。

2. 2D 区的投资机会：①基建使用效率的提升，会改变交通和货车客车的需求结构。铁路设备投资的加速度也将大于铁路基建。②生产中心内移带来的工业地产和物流地产增长空间极大。③沿长江中游一带中心城市的住宅地产。

3. 3D 区的投资机会：

（1）一线城市郊区住宅地产（新区）及一揽子综合开发；

（2）3D 转型中的城市，可贸易服务业（金融、会计、咨询等）和商业地产（主力店配置可触性、体验性、个性化需求会为商业地产带来更多价值，因为这些需求对密度和距离的敏感度更高）；

（3）3D 转型中的城市，可贸易服务业（金融、会计、咨询等）和商业地产（主力店配置可触性、体验性、个性化需求会为商业地产带来更多价值，

因为这些需求对密度和距离的敏感度更高）。（表4-6）

各类型区域政策方向　　　　　　　　表4-6

	政策方向	政策工具
1D区	密度	人口政策； 土地流转； 农业科技； 农业金融
2D区	距离	基础设施； 土地用途管制； 城市规划； 一体化政策
3D区	分割	贸易和资本流动政策； 国际移民管制； 一体化政策

第五章
雄安新区研究

───────

（一）雄安新区战略意义

2017年4月1日，中共中央、国务院决定设立雄安新区，包括河北雄县、容城、安新3县。

雄安新区的设立是京津冀协同发展进程中最具战略高度的一步。中央媒体以"千年大计、国家大事"论述此举，规格空前。纵观中国历史，能以"千年大计"形容的事件屈指可数，对于党来说，复兴才能称之为千年大计。如果建新区能用"千年大计"措辞，新区建设必然比"京津冀一体化"承载更多政治意义。雄安新区设立，是京津冀协同发展进程中最具战略高度的一步。

政治经济意义比肩深圳特区、浦东新区，有自身独特的历史使命。雄安新区是继深圳经济特区、上海浦东新区之后，以习近平同志为核心的党中央的重大历史性战略抉择。但与前两个特区不同的是，深圳特区与浦东新区主要体现经济意义，而雄安新区政治意义更为重大。三者分别代表中国改革开放三个时期：深圳特区（1980年设立）是沿海改革开放第一响，浦东新区（1992年设立）是改革开放从沿海向内陆渗透的最重要的一响，前两者均处于改革初期，享受经济发展红利；而雄安新区设立，处于改革攻坚期、增速换档期、转型阵痛期，承载自身独特的历史使命。

雄安新区成立规格高于一般意义上的国家级新区。从设立方式看，此前18个国家级新区的成立，一般以国务院致省级政府批复函的形式批复，而雄安新区设立，是党中央、国务院共同发文宣布，规格高于一般国家级新区。

（二）借鉴国外新都设立经验，把脉雄安新区建设发展路径

雄安新区的战略高度毋庸置疑，其未来的建设发展路径在国内或许难有前例可相提并论，我们建议借鉴国外新都建立经验来窥之一二。国外新都建立的模式主要有两种：一种是直接选址兴建政府行政中心，如马来西亚布城、

韩国世宗；另一种是围绕首都经济圈跨行政区协调资源定向发展，如东京首都圈等。

1. 从马来西亚布城、韩国世宗、东京首都圈的建立经验来看，首都人口密度越高、政治体制执行力越强、新城行政级别越高，则新城的投资力度会越大、建设进程越快、建成后吸引人口流入的成功率越高。我们预判，雄安新区投资规模将达万亿，在政府强执行力推动下将更快完成规划建设，建成后城市发展将分三步走。建议密切关注规划阶段，预计催化剂较多、较密集。

从选址确定到开始建立仅经过 3 年时间，建设 5 年完工后政府核心部门几乎都迁入布城。为了减轻首都压力，马来西亚从 20 世纪 90 年代早期就开始考虑将政府行政中心迁出吉隆坡。1993 年 6 月，马来西亚布城从 6 个候选地址中脱颖而出，因其位于吉隆坡国际机场及吉隆坡之间的战略位置、低开发成本及其周边的自然环境。政府对布城的愿景是它能够反映马来西亚的自然与文化遗产，同时融入最新的科技成果来应对未来可能面临的挑战。布城建设经过规划期（1993~1996 年）、建设期（1996~2001 年）和迁移期（2001 年及以后），2001 年竣工后，所有政府部门正式入驻办公。该工程共花费了76 亿美元。

布城建设过程中一大特色是采用公私合营实施机制。公共部门作为一个积极的合作伙伴继续扮演引导者与推动者的角色，不断对开发过程的步骤和行政功能进行修订和简化，并与私有部门保持紧密联系。布城项目的实施主要涉及四个当事方——布城管理局、布城控股有限公司、市政公司和 KLCC 资产控股有限公司。

2. 韩国世宗新城在规划阶段频繁出台相关规划。韩国面临的首都圈过度聚集问题更加严峻，因此一直在竭力打造周边首都圈的卫星城市、甚至考虑迁都。韩国首都圈包括首尔市、仁川市和京畿道，土地面积占全国国土面积的 11.78%，而人口占全国总人口比重高达 49%。世宗市作为行政中心具有天然的地理优势，作为全韩国国土的几何中心，大部分韩国国土都在距离世宗市 200 公里辐射区，因此通过高速公路、航空、铁路等基础设施在 2 小时内可达全国大部分地区。

在世宗新城规划 2005 年正式提出后的 2 年规划期内，政府频繁制订发布各项规划，包括建设基本规划（2005 年 5 月~2006 年 7 月）、广域都市规划（2005 年 7 月~2007 年 6 月）、开发规划（2005 年 8 月~2006 年 11 月）、实施规划（2005 年 9 月~2007 年 6 月）。

3. 东京将首都各项职能逐步引导至周边地区，发展成多圈层多中心的东京首都圈。日本首都圈是指以东京都区部为核心的"一都七县"结构，包括东京都、神奈川县、千叶县、埼玉县、茨城县、栃木县、群马县和山梨县。1958 年开始，根据东京发展要求历经 5 次大规模规划，形成了目前三个圈层城市网络。三个圈层分别是核心层、中心圈层和外围圈层。核心层以服务业为主，中心层以高科技产业为主，外圈层以制造业农业为主。此外，还将首都功能分散形成了多个中心，如埼玉区域行政中心、神奈川区域工业聚集中心等。

其中埼玉市定位为日本的行政次中心，可作为雄安新区未来发展的模板。埼玉市接纳了国家行政机关职能的转移，同时带动周边需求。埼玉市的特点是交通便利，距离东京银座北部约 28 公里。国家行政机关转移同时带动部分人口疏解到埼玉市，从 2000 年开始到 2010 年，10 年间新都心及邻近地区新增人口 23000 人，且大多是常住人口。到 2014 年，埼玉新都心站每日乘车人数增长了 2.9 倍。随之而来的生活需求也促进了商贸业、餐饮业等生活服务业发展，同时，城市基础设施建设的加速会带动区域社会经济发展。

4. 根据国外新都建立经验，可以得到关于雄安新区建设发展路径的四点启示：①新区建立的第一阶段规划期催化剂最多最密集，进入建设期和迁移期后引发关注的事件较少、周期较长。②国内政府执行力度更强，雄安新区将在更短时间内完成规划建设。③新城建立后首都的人口增速将明显得到控制。④新区投资额将达万亿，城市配套发展分三步走。

（1）雄安新区建立规划阶段催化剂释放最集中

国外行政中心建立一般经过三个阶段，每个阶段都有标志性事件，尤其第一阶段催化性事件较多，且发生时点较集中。第一阶段为规划阶段，一般经历 2~3 年时间，期间将出台一系列的建设、开发、实施规划。第二阶段为建设阶段，一般历时 4~5 年时间，主要关注重要政府办公大楼项目的兴工情况，同时还将制定行政中心相关法律。第三阶段为迁移阶段，政府部门、企业陆续迁入新城，随后新城范围不断扩大、设施不断完善。可以看出，第一阶段是催化剂集中释放期，不断有相关规划办法出台，建设期和迁移期则进入实际建设搬迁阶段，引发关注的事件较少、周期较长。

（2）国内政府执行力更强加快雄安新区规划建设

马来西亚政府执行力强，使得布城建设方案从提出到实施几乎没有延误，从确定选址到完成建设历时 8 年；而韩国世宗新城从选址到建设过程几经波折，执政党与在野党之间几次博弈导致迁都世宗计划改为建立新行政特别自治市，只从首尔迁出部分非核心政府部门。雄安新区将在更短时间内完成建设，并且迁出规模或比韩国更大。

（3）首都人口快速增长压力在新区建成后将得到缓解

马来西亚布城 2001 年建成，2006 年人口达到约 6 万，随后逐年以 3%~4%增速增长，同期首都吉隆坡人口增速明显下滑，从 2006 年 4%增速水平下滑至近 1%。韩国首尔也出现类似的现象，人口在 1992 年达到峰值 1090 万人，随后因首尔首都圈的发展人口增速回落，2012 年世宗建立后，世宗人口每月增速达 2%~3%，首尔人口净流出加快。目前首尔人口总数基本保持在 1000 万人水平。

（4）新区投资额将达万亿，城市配套发展分三步走

马来西亚布城投资金额约 76 亿美金，韩国世宗投资金额约 1320 亿人民币，考虑到前面两者建设时期久远、国内外体量规模差距，雄安新区的建设规模将更大。首先，雄安新区地区建设面积更大，远期控制区面积约 2000 平方公里，是韩国世宗面积的 4.3 倍。其次，随着京津冀一体化发展，雄安新区凭借地理位置优势必将承接重要职能，如同东京都市圈埼玉市。

雄安新区建成后，城市配套发展将分三步走。先保障行政功能建立，再完善核心功能和配套居住区、引导高新产业进入，最后扩大发展。以韩国世宗市为例。

①先完成短期城市雏形阶段（2007~2015 年）：从城市政策层面，集中投资于中央和地方行政、政府资助研究功能，建立公共交通主干道等城市发展的基础设施。

②在城市成长阶段（2016~2020 年）：投资大学和研究、医疗福利、高新产业等自足的城市功能，并完备基础设施。

③在城市成熟阶段（2021~2030 年）：进一步完善基础设施的建设。发展方案将世宗市的管辖地区作为第一层次空间范围，将与世宗市相邻的 5 个市和郡作为第二层次空间范围。

（三）雄安新区坐拥地利人和，世界级都市圈呼之欲出

雄安新区处于京津冀核心地区，与北京、天津几乎构成一个等边三角形。雄安新区拥有"地利"的先天条件，是建设首都副中心的理想之选。

而相比国际可比经验，雄安新区还占尽"人和"的后天条件，体现在雄安新区建设推进将有更高的行政效率、基建效率，前期央企、科研院所等单位可以通过行政命令的手段实现快速入驻，这些单位体量较大，新区建设路线图将随着新区规划方案的明确变得清晰可见。而"地利"和"人和"这两个优势将是雄安新区能够建成国际一流城市、北京能够建成世界级都市圈的决定性因素。

而根据国内的可比经验（包括前海合作区、前海桂湾、深圳东进计划和贵安新区），我们估算雄安新区基建相关投资规模在初期、中期、远期将分别达到 6000 亿元、1.2 万亿元和 3 万亿元，对应的年限分别为 3 年，5~8 年、10~20 年。

1. 雄安位置极佳，自然条件优越，尽得"地利"

中央跳出原有北京的行政区划可能主要出于以下几个方面的考虑：

第一，北京城区长期以来被人们诟病的一个地方就是单中心的规划，"摊大饼"式的城市扩张导致市区拥堵日益严重，跳出北京市区另起炉灶可以部分解决这个问题；

第二，设立雄安新区是推进京津冀协同战略的重要举措，需要在河北设立一个可以跟北京、天津媲美的核心区域，就像上面说的一样，雄安与北京、天津几乎构成一个等边三角形，位置比较合适。

第三，雄安自然条件适合设立新城，雄县、容城、安新，加上周边一些地区，总面积达 2000 平方公里，大部分是平原，另外，水源充足，搬迁成本也可控。总之，雄安新区位置绝佳，自然条件优越，因此，可得"地利"。

2. 雄安新区后天条件相对可比经验更为成熟

北京具有庞大的人口基数，远高于韩国的首尔和马来西亚的吉隆坡，1975~1990 年（日本经济高速发展的中后期），东京都市圈总人口在 2700 万~3200 万，目前为 4200 万，东京都人口 1996 年不足 1200 万，目前人口也仅为 1350 万。东京都人口密度高于北京，但东京都市圈的人口密度低于北京市区，而且，北京规划上的缺陷使得疏解部分人口的压力更大。

同时，雄安新区初期主要是北京非首都功能的承接，中国政府行政效率高，政策延续性强，并且基建效率极高，因此初期推进会远远快于可比的国际经验。

同时由于雄安新区初期承担的是疏解北京非首都功能的职能，是存量转移，因此不会出现"无人进驻""空城"的尴尬境地；而且，推进的方式将更加依赖行政命令，这一点区别于浦东、深圳以及后来的天津滨海新区等，它们需要吸引新的进驻方，运作方式更加市场化，新城建设效果存在更大的不确定性，短期见效也更难。

从房地产行业施工面积这一指标来看，浦东新区建设的最初 5-6 年时间里，有一波非常明显的建设高峰期，第二波建设高峰期是 2008 年之后；深圳市辖区的建设构成看起来更为平稳。

我们预计，由北京进驻雄安的机构将包括央企、以中关村为代表的 IT 产业、部分大学和科研院所（例如中科院、社科院一部分）。在这里，我们仅仅考虑央企。根据 2015 年央企总部人数情况，央企总部人数超过 3 万，这些人口将大部分处于北京，并且将进驻雄安；他们对应 3 万个消费能力较强的家庭，总人口超过 10 万。并且，学校、医院、商业等一系列配套，又会带来大量的人口增量。

雄安新区承接北京非首都职能，带有一定的"迁都"性质；央企、科研院所、学校和一部分产业（如 IT）组织机构庞大，足以支撑起雄安初期的发展。

总之，雄安新区政策推进力度大、定位高，初期入驻机构和人员可以通过高效的行政命令手段实现，新区建设具备更高的可行性；随着相关政策和规划的明确，新区发展路线图将变得清晰可见，一流国家级新区呼之欲出。

（四）雄安新区投资拉动测算：万亿投资规模未来几年释放

雄安新区有一定的"迁都性质"，国内最可比经验是发达城市建设新区，笔者认为深圳前海深港现代服务业合作区（简称前海合作区）、深圳前海桂湾金融先导区、深圳东进计划、贵安新区等最具可比性；在国际经验方面，马来西亚布城、韩国世宗和东京首都圈最具可比性。

1. 国内可比经验：雄安远期投资可达 3 万亿元，3 年内有望初步建成

雄安新区直接拔高到深圳特区、浦东新区这样的级别，但浦东和深圳距今时间较久，经济背景、投资强度已经发生了巨大的变化，可比性较差；我们可以从近年我国一线城市新开发区域或新设立的国家级新区的投资强度来推算雄安新区的投资情况，可以类比的有深圳前海桂湾金融先导区、深圳东进计划、贵安新区等。

前海合作区、前海桂湾金融先导区大家比较熟悉。深圳东进计划提出深圳市区向东部发展，加大交通建设、产业提升、公共服务、城市发展等四大领域的投资建设，提升东部地区发展能力，进而带动深莞惠经济圈和粤东粤北地区发展；贵安新区是位于贵州省贵阳市和安顺市结合处的国家级新区，2011 年提出，打造"大数据"中心。

雄安新区初期对应 100 公里的规划区域，与贵安新区面积最为接近，但贵安新区定位要远远低于雄安，而且地处贵州，因此，贵安投资强度要远低于雄安；雄安面积要远大于前海合作区，因此，雄安初期和中期核心区域投资强度与前海合作区相当，其他区域与贵安新区相当，而前海合作区和贵安新区加权投资强度约为 60 亿元/公里。

假设雄安新区初期和中期投资强度为 60 亿元/公里，对应的投资规模为分别为 6000 亿元和 1.2 万亿元；雄安新区的远期计划可以类比深圳的东进计划，对应的投资规模是 3 万亿元。同样，根据这几个国内的可比案例，雄安新区的建设进度预计为：初期 3 年，中期 5~8 年，长期 10~20 年。

2. 国际经验对比：投资强度、建设进程国内案例更有参考性

国际对比中，我们分别介绍了韩国世宗、马来西亚布城和日本东京都市圈的经验，从建成时间距今最近（依次为 2011 年、2001 年、2000 年前）、面积最为接近（465 平方公里、49 平方公里、除东京都超过 1 万平方公里）、是否是迁都（依次为是、否）这三个标准，韩国世宗与雄安新区最具可比性。韩国世宗的投资强度为 2.8 亿元/平方公里，远低于上面所列的国内新区标准。

世宗和布城前期都花费了 2~4 年的时间进行规划，建设施工时间则在 4~5 年；雄安新区定位"千年大计"，而从政府定调来看，也要求优先保证规划方案尽善尽美，然后进行施工，因此，我们预计，雄安新区在施工前期相比国内新区会有较长的规划期（2 年左右）。

城市进入篇

第六章

不同地理尺度下区域分析

——

一、全国尺度分析

人口线：东南 36% 的土地供养了全国 96% 的人口；西北 64% 的土地仅供养 4% 的人口。二者平均人口密度比为 42.6：1。

房地产风险线：胡焕庸线东南聚集着中国最富裕经济发展程度最高的省份，包含共和国长子东北区域以及中国三大核心城市群（京津冀、长三角、珠三角城市群），政治中心、经济中心、金融中心等均集中于该区域，且交通规划比如高铁建设密度最高的区域也居中在胡焕庸线东南区域。从笔者的研究看，城市发展的各个维度线东南均优于西北区域，胡焕庸线西北区域的房地产风险明显大于胡焕庸线东南区域的风险。

胡焕庸线：由黑龙江瑷珲（今黑河）至云南腾冲相连画出的一条直线。

二、城市群尺度分析

1. 组团式城市群是大中小城市"结构有序、功能互补、整体优化、共建共享"的镶嵌体系，体现出以城乡互动、区域一体为特征的城市发展的高级演替形态。都市圈、城市带、城市群、组合式城市等理论相继出现，是城市不同阶段发展的理论总结。从中心城市的点状分布，到带状或群状的城市之间的一体化，以至强调城乡统筹协调发展的组团式城市群，都各有其特征。20 世纪下半叶，美国、日本、中国各自的三大组团式城市群，对各自经济贡献率分别为 67%、70% 和 35%。

我国经济发展方式已经开始从城市"点状拉动"转变到城市群"组团式发展"。不同类型城市群及其功能特点见表 6-1。

根据《国家新型城镇化规划（2014—2020 年）》城市群最新划分为 32 个，如表 6-2 所示。

不同类型城市群及其功能特点 表6-1

类型	维数	功能	特点与条件
都市圈	零维	集聚效应	经济中心区与近郊形成具有紧密经济联系的城市功能性地域
城市带	一维	通达效应	核心区沿交通走廊分布的都市相互作用强烈,聚合成城市带
城市群	二维	空间效应	处门户位置,具枢纽功能,密集网络结构,较发达的第三产业
组团式城市群	三维	网络效应	大中小城市结构有序、功能互补、整体优化、共建共享

城市群划分 表6-2

分类	序号	城市群	省份	首位城市	其他城市
超大型	1	长三角(16)	江苏、浙江、上海	上海	苏州、杭州、南京、无锡、嘉兴、镇江、常州、湖州、南通、泰州、扬州
	2	京津冀(10)	北京、天津、河北	北京	天津、保定、廊坊、石家庄、唐山、秦皇岛、沧州、承德、张家口
	3	珠三角(9)	广东	广州、深圳	东莞、佛山、珠海、中山、江门、惠州、肇庆
重点发展型	4	山东半岛(14)	山东	济南、青岛	烟台、淄博、潍坊、威海、东营、日照、济宁、泰安、滨州、德州、莱芜
	5	辽宁半岛(20)	辽宁、黑龙江、吉林	大连	营口、鞍山、丹东、盘锦、辽阳、本溪、抚顺、铁岭、大庆、齐齐哈尔、长春、吉林、松原
	6	长江城市群(5)	湖北、湖南	武汉	由武汉城市群、长株潭、鄱阳湖三大城市群组成
	7	中原(23)	河南	郑州、洛阳	开封、平顶山、新乡、焦作、许昌、漯河、济源、巩义、新密、禹州、新郑、偃师、荥阳、登封、舞钢、汝州、辉县、卫辉、沁阳、孟州、长葛
	8	成渝(15)	四川、重庆	重庆、成都	德阳、绵阳、资阳、眉山、乐山、宜宾、泸州、自贡、内江、遂宁、南充、达州、广安
	9	关中(9)	陕西	西安	咸阳、宝鸡、渭南、铜川、临潼、长安、三原、杨陵
	10	海峡西岸(9)	福建	福州、厦门	泉州、漳州、莆田、宁德、龙岩、三明、南平
	11	海峡东岸(6)	台湾	台北	新北、基隆、新竹、台中、台南、高雄
	12	武汉城市群(9)	湖北	武汉	黄石、鄂州、黄冈、孝感、咸宁、仙桃潜江、天门
	13	长株潭(8)	湖南	长沙	株洲、湘潭、岳阳、常德、益阳、衡阳、娄底
	14	江淮城市群(11)	安徽	合肥	巢湖、安庆、马鞍山、芜湖、铜陵、池州、宣城、淮南、六安、滁州
	15	呼包鄂(3)	内蒙古	呼和浩特	呼和浩特、包头、鄂尔多斯
	16	环鄱阳湖(11)	江西	南昌	景德镇、九江、南昌、鹰潭、上饶、新余、抚州、宜春、上饶、吉安
	17	兰州城市群(6)	甘肃、青海	兰州、西安	白银、定西、临夏州、海东地区

分类	序号	城市群	省份	首位城市	其他城市
重点发展型	18	乌昌城市群（5）	新疆	乌鲁木齐	昌吉、石河子、阜康、五家渠
	19	黔中城市群（6）	贵州	贵阳	遵义、安顺、都匀、六盘水、凯里
	20	银川城市群（7）	宁夏	银川	吴忠、中卫、石嘴山、青铜峡、灵武、固原
	21	拉萨城市群（2）	西藏	拉萨	拉萨、羊八井
	22	太原城市群（9）	山西	太原	阳泉、介休、忻州、吕梁、孝义、汾阳、长治、临汾
	23	石家庄城市群（6）	河北	石家庄	保定（和北京圈共有）、沧州、衡水、邢台、山西省阳泉市（和太原圈共有）
	24	滇中城市群（4）	云南	昆明	曲靖、玉溪、楚雄
	25	南宁城市群（6）	广西	南宁	北海、钦州、防城港、玉林、崇左、百色
	26	琼海城市群（5）	海南、广东	海口	海口、三亚、湛江、茂名、阳江
	27	汕头城市群（6）	广东	汕头	潮州、揭阳、汕尾、梅州、河源
	28	徐州城市群（6）	江苏、安徽、山东	徐州	连云港、宿迁、宿州、淮北、枣庄
	29	浙东城市群（5）	浙江	宁波	台州、绍兴、舟山、温州
	30	豫皖城市群（4）	河南、安徽		阜阳、亳州、商丘、周口
	31	冀鲁豫城市群(6)	河北、河南、山东		安阳、鹤壁、濮阳、聊城、菏泽、邯郸
	32	鄂豫城市群（5）	湖北、河南		信阳、南阳、襄樊、随州、驻马店

其中发展较成熟城市群如表6-3所示。

发展较成熟城市群   表6-3

城市群名称	城市群 GDP 占全国比例	中心城市 GDP 占全国比例
京津冀	10.80%	7.90%
上海	10.80%	6.20%

城市群名称	城市群 GDP 占全国比例	中心城市 GDP 占全国比例
杭州	6.70%	1.60%
南京	4.80%	1.80%
珠三角	10.90%	6.50%
山东半岛	9.00%	2.10%
川渝	5%	3.10%
辽中南	4.30%	2.40%
武汉	4.00%	1.80%
海峡西岸	4.20%	1.40%
哈长	3.60%	1.60%
江淮	2.80%	0.80%
长株潭	2.20%	0.80%
关中	1.90%	1.20%

2. 房地产战略机遇区域：

优先开发：环渤海地区（包括京津冀、辽中南和胶东半岛）、长三角地区和珠三角地区等三个已成熟特大城市群和新启动的长江中游城市群。

重点发展：哈长地区、闽东南地区、江淮地区、中原地区、长江中游地区、关中平原地区、成渝地区、北部湾地区八个大城市群。

"两横三纵"城市格局

"两横"是指欧亚大陆桥通道和沿长江通道两条横轴

"三纵"则是指沿海、京哈京广和包昆通道

我们通过分析全国 289 个地级市的长期投资指标，可以看出部分地区已经形成了城市圈效应。其中长三角和珠三角区域最为显著。

另外，中部部分城市以及环渤海区域往往围绕着增长极城市（首都或省会城市）形成一定的聚集效应。

三、地级市尺度分析

1. 逻辑思路：房地产投资潜力和其经济强度成正比；与人口密度成正比；与标杆房地产企业群的选择成正比。

计算过程：

设某个地级市潜力指数为 Z_i，经济强度 G 用 GDP 等指标表征，置业强度 P 用人口密度等指标进行表征，标杆房企群的城市选择为 X，则：

$$Z_i = G * 35\% + P * 35\% + X * 30\%$$

对 Z_i 按降序排名，得到各个地级市的投资潜力排名。

我们选择了中国大陆的 289 个地级市，通过对经济因子、环境因子、房地产置业需求因子等几个宏观因子的综合分析，对城市的房地产投资潜力进行了统一排名（表 6-4、表 6-5）。

地级市投资潜力排名（2015 年）　　　　　　　　　　　　　　　　表 6-4

排名	城市	省份（直辖市、自治区）	排名	城市	省份（直辖市、自治区）	排名	城市	省份（直辖市、自治区）	排名	城市	省份（直辖市、自治区）
1	北京	北京	32	三明	福建	63	温州	浙江	94	秦皇岛	河北
2	上海	上海	33	常州	江苏	64	齐齐哈尔	黑龙江	95	连云港	江苏
3	重庆	重庆	34	哈尔滨	黑龙江	65	威海	山东	96	榆林	陕西
4	广州	广东	35	石家庄	河北	66	鞍山	辽宁	97	本溪	辽宁
5	深圳	广东	36	绍兴	浙江	67	黄冈	湖北	98	乌海	内蒙古
6	天津	天津	37	南通	江苏	68	资阳	四川	99	泰安	山东
7	成都	四川	38	唐山	河北	69	洛阳	河南	100	襄阳	湖北
8	苏州	江苏	39	惠州	广东	70	吉林	吉林	101	沧州	河北
9	武汉	湖北	40	扬州	江苏	71	海口	海南	102	鄂尔多斯	内蒙古
10	南京	江苏	41	太原	山西	72	呼和浩特	内蒙古	103	克拉玛依	新疆
11	大连	辽宁	42	长春	吉林	73	保定	河北	104	马鞍山	安徽
12	西安	陕西	43	徐州	江苏	74	兰州	甘肃	105	六安	安徽
13	沈阳	辽宁	44	嘉兴	浙江	75	淮安	江苏	106	抚顺	辽宁
14	杭州	浙江	45	镇江	江苏	76	泰州	江苏	107	新乡	河南
15	长沙	湖南	46	乌鲁木齐	新疆	77	莆田	福建	108	肇庆	广东
16	郑州	河南	47	南宁	广西	78	济宁	山东	109	遵义	贵州
17	青岛	山东	48	潍坊	山东	79	银川	宁夏	110	九江	江西
18	厦门	福建	49	中山	广东	80	临沂	山东	111	德州	山东
19	合肥	安徽	50	大庆	黑龙江	81	江门	广东	112	宝鸡	陕西
20	福州	福建	51	芜湖	安徽	82	南充	四川	113	衢州	浙江
21	佛山	广东	52	泉州	福建	83	株洲	湖南	114	漳州	福建
22	昆明	云南	53	东营	山东	84	拉萨	河北	115	桂林	广西
23	东莞	广东	54	绵阳	四川	85	咸阳	陕西	116	湛江	广东
24	珠海	广东	55	包头	内蒙古	86	金华	浙江	117	滨州	山东
25	无锡	江苏	56	淄博	山东	87	营口	辽宁	118	张家口	河北
26	南昌	江西	57	聊城	山东	88	宜昌	湖北	119	常德	湖南
27	曲靖	云南	58	廊坊	河北	89	北海	广西	120	衡阳	湖南
28	宁波	浙江	59	玉林	广西	90	赣州	江西	121	锦州	辽宁
29	贵阳	贵州	60	台州	浙江	91	柳州	广西	122	枣庄	山东
30	烟台	山东	61	湖州	浙江	92	盘锦	辽宁	123	朔州	山西
31	济南	山东	62	三亚	海南	93	盐城	江苏	124	南阳	河南

排名	城市	省份（直辖市、自治区）	排名	城市	省份（直辖市、自治区）	排名	城市	省份（直辖市、自治区）	排名	城市	省份（直辖市、自治区）
125	宁德	福建	160	商丘	河南	195	周口	河南	230	钦州	广西
126	湘潭	湖南	161	天水	甘肃	196	宿州	安徽	231	毕节	贵州
127	赤峰	内蒙古	162	延安	陕西	197	达州	四川	232	汕尾	广东
128	邯郸	河北	163	渭南	陕西	198	荆门	湖北	233	漯河	河南
129	日照	山东	164	郴州	湖南	199	益阳	湖南	234	河池	广西
130	岳阳	湖南	165	通辽	内蒙古	200	娄底	湖南	235	鹤壁	河南
131	辽阳	辽宁	166	承德	河北	201	永州	湖南	236	淮北	安徽
132	朝阳	辽宁	167	晋城	山西	202	怀化	湖南	237	白山	吉林
133	西宁	青海	168	玉溪	云南	203	邵阳	湖南	238	景德镇	江西
134	南平	福建	169	平顶山	河南	204	吕梁	山西	239	白城	吉林
135	阳江	广东	170	十堰	湖北	205	绥化	黑龙江	240	鸡西	黑龙江
136	阳江	广东	171	焦作	河南	206	牡丹江	黑龙江	241	阳泉	山西
137	丹东	辽宁	172	宜春	江西	207	通化	吉林	242	云浮	广东
138	茂名	广东	173	长治	山西	208	舟山	浙江	243	随州	湖北
139	蚌埠	安徽	174	安阳	河南	209	辽源	吉林	244	铜陵	安徽
140	淮南	安徽	175	德阳	四川	210	梅州	广东	245	葫芦岛	辽宁
141	黄石	湖北	176	晋中	山西	211	眉山	四川	246	新余	江西
142	安庆	安徽	177	邢台	河北	212	梧州	广西	247	潮州	广东
143	信阳	河南	178	铁岭	辽宁	213	广安	四川	248	忻州	山西
144	许昌	河南	179	大同	山西	214	亳州	安徽	249	昭通	云南
145	滁州	安徽	180	阜阳	安徽	215	百色	广西	250	庆阳	甘肃
146	宿迁	江苏	181	四平	吉林	216	贵港	广西	251	运城	山西
147	松原	吉林	182	开封	河南	217	宣城	安徽	252	崇左	广西
148	韶关	广东	183	巴彦淖尔	内蒙古	218	乌兰察布	内蒙古	253	来宾	广西
149	内江	四川	184	濮阳	河南	219	酒泉	甘肃	254	双鸭山	黑龙江
150	呼伦贝尔	内蒙古	185	荆州	湖北	220	鄂州	湖北	255	阜新	辽宁
151	菏泽	山东	186	自贡	四川	221	鹰潭	江西	256	贺州	广西
152	石嘴山	宁夏	187	吉安	江西	222	佳木斯	黑龙江	257	安康	陕西
153	宜宾	四川	188	衡水	河北	223	六盘水	贵州	258	广元	四川
154	莱芜	山东	189	揭阳	广东	224	攀枝花	四川	259	黄山	安徽
155	驻马店	河南	190	泸州	四川	225	萍乡	江西	260	白银	甘肃
156	龙岩	福建	191	抚州	江西	226	河源	广东	261	防城港	广西
157	上饶	江西	192	临汾	山西	227	汉中	陕西	262	雅安	四川
158	清远	广东	193	三门峡	河南	228	遂宁	四川	263	巴中	四川
159	乐山	四川	194	孝感	湖北	229	咸宁	湖北	264	七台河	黑龙江

排名	城市	省份（直辖市、自治区）	排名	城市	省份（直辖市、自治区）	排名	城市	省份（直辖市、自治区）	排名	城市	省份（直辖市、自治区）
265	商洛	陕西	272	普洱	云南	279	临沧	云南	286	定西	甘肃
266	铜仁	贵州	273	平凉	甘肃	280	伊春	黑龙江	287	丽江	云南
267	池州	安徽	274	金昌	甘肃	281	嘉峪关	甘肃	288	固原	宁夏
268	黑河	黑龙江	275	武威	甘肃	282	铜川	陕西	289	三沙	海南
269	保山	云南	276	张掖	甘肃	283	海东	青海			
270	鹤岗	黑龙江	277	吴忠	宁夏	284	陇南	甘肃			
271	张家界	湖南	278	安顺	贵州	285	中卫	宁夏			

地级市投资潜力排名（2016 年）　　表 6-5

排名	城市	省份（直辖市、自治区）	排名	城市	省份（直辖市、自治区）	排名	城市	省份（直辖市、自治区）	排名	城市	省份（直辖市、自治区）
1	北京	北京	24	佛山	广东	47	台州	浙江	70	黄冈	湖北
2	上海	上海	25	无锡	江苏	48	太原	山西	71	呼和浩特	内蒙古
3	重庆	重庆	26	济南	山东	49	中山	广东	72	三亚	海南
4	广州	广东	27	南昌	江西	50	廊坊	河北	73	齐齐哈尔	黑龙江
5	深圳	广东	28	石家庄	河北	51	淄博	山东	74	洛阳	河南
6	成都	四川	29	烟台	山东	52	乌鲁木齐	新疆	75	赣州	江西
7	天津	天津	30	哈尔滨	黑龙江	53	聊城	山东	76	威海	山东
8	武汉	湖北	31	常州	江苏	54	东营	山东	77	沧州	河北
9	南京	江苏	32	南通	江苏	55	芜湖	安徽	78	襄阳	湖北
10	苏州	江苏	33	绍兴	浙江	56	大庆	黑龙江	79	咸阳	陕西
11	杭州	浙江	34	泉州	福建	57	金华	浙江	80	湖州	浙江
12	西安	陕西	35	唐山	河北	58	包头	内蒙古	81	宜昌	湖北
13	郑州	河南	36	长春	吉林	59	兰州	甘肃	82	资阳	四川
14	长沙	湖南	37	徐州	江苏	60	海口	海南	83	泰安	山东
15	合肥	安徽	38	温州	浙江	61	保定	河北	84	莆田	福建
16	沈阳	辽宁	39	嘉兴	浙江	62	吉林	吉林	85	南充	四川
17	大连	辽宁	40	扬州	江苏	63	泰州	江苏	86	银川	宁夏
18	福州	福建	41	珠海	广东	64	玉林	广西	87	江门	广东
19	青岛	山东	42	贵阳	贵州	65	临沂	山东	88	漳州	福建
20	厦门	福建	43	潍坊	山东	66	济宁	山东	89	株洲	湖南
21	宁波	浙江	44	惠州	广东	67	盐城	江苏	90	榆林	陕西
22	东莞	广东	45	南宁	广西	68	淮安	江苏	91	德州	山东
23	昆明	云南	46	镇江	江苏	69	鞍山	辽宁	92	连云港	江苏

排名	城市	省份（直辖市、自治区）	排名	城市	省份（直辖市、自治区）	排名	城市	省份（直辖市、自治区）	排名	城市	省份（直辖市、自治区）
93	乌海	内蒙古	128	锦州	辽宁	163	焦作	河南	198	抚州	江西
94	营口	辽宁	129	克拉玛依	新疆	164	乐山	四川	199	三门峡	河南
95	柳州	广西	130	湘潭	湖南	165	宜春	江西	200	巴彦淖尔	内蒙古
96	鄂尔多斯	内蒙古	131	衢州	浙江	166	邢台	河北	201	荆门	湖北
97	秦皇岛	河北	132	日照	山东	167	延安	陕西	202	绥化	黑龙江
98	新乡	河南	133	宁德	福建	168	承德	河北	203	娄底	湖南
99	遵义	贵州	134	信阳	河南	169	天水	甘肃	204	怀化	湖南
100	盘锦	辽宁	135	许昌	河南	170	德阳	四川	205	吕梁	山西
101	湛江	广东	136	菏泽	山东	171	长治	山西	206	牡丹江	黑龙江
102	绵阳	四川	137	宿迁	江苏	172	十堰	湖北	207	通化	吉林
103	肇庆	广东	138	朔州	山西	173	揭阳	广东	208	梅州	广东
104	曲靖	云南	139	南平	福建	174	开封	河南	209	梧州	广西
105	三明	福建	140	朝阳	辽宁	175	玉溪	云南	210	舟山	浙江
106	九江	江西	141	松原	吉林	176	荆州	湖北	211	亳州	安徽
107	马鞍山	安徽	142	驻马店	河南	177	阜阳	安徽	212	眉山	四川
108	汕头	广东	143	辽阳	辽宁	178	晋城	山西	213	毕节	贵州
109	常德	湖南	144	阳江	广东	179	石嘴山	宁夏	214	广安	四川
110	衡阳	湖南	145	茂名	广东	180	四平	吉林	215	百色	广西
111	南阳	河南	146	丹东	辽宁	181	晋中	山西	216	贵港	广西
112	本溪	辽宁	147	郴州	湖南	182	莱芜	山东	217	辽源	吉林
113	邯郸	河北	148	上饶	江西	183	濮阳	河南	218	宣城	安徽
114	桂林	广西	149	黄石	湖北	184	吉安	江西	219	钦州	广西
115	西宁	青海	150	商丘	河南	185	铁岭	辽宁	220	六盘水	贵州
116	安庆	安徽	151	滁州	安徽	186	泸州	四川	221	乌兰察布	内蒙古
117	滨州	山东	152	宜宾	四川	187	大同	山西	222	防城港	广西
118	蚌埠	安徽	153	呼伦贝尔	内蒙古	188	孝感	湖北	223	汉中	陕西
119	北海	广西	154	内江	四川	189	周口	河南	224	佳木斯	黑龙江
120	宝鸡	陕西	155	龙岩	福建	190	衡水	河北	225	河源	广东
121	六安	安徽	156	韶关	广东	191	达州	四川	226	遂宁	四川
122	抚顺	辽宁	157	渭南	陕西	192	临汾	山西	227	咸宁	湖北
123	枣庄	山东	158	通辽	内蒙古	193	自贡	四川	228	萍乡	江西
124	岳阳	湖南	159	淮南	安徽	194	永州	湖南	229	攀枝花	四川
125	拉萨	西藏	160	平顶山	河南	195	邵阳	湖南	230	鄂州	湖北
126	张家口	河北	161	清远	广东	196	宿州	安徽	231	漯河	河南
127	赤峰	内蒙古	162	安阳	河南	197	益阳	湖南	232	酒泉	甘肃

排名	城市	省份（直辖市、自治区）	排名	城市	省份（直辖市、自治区）	排名	城市	省份（直辖市、自治区）	排名	城市	省份（直辖市、自治区）
233	鹰潭	江西	248	鸡西	黑龙江	263	白银	甘肃	278	吴忠	宁夏
234	汕尾	广东	249	阳泉	山西	264	商洛	陕西	279	金昌	甘肃
235	运城	山西	250	忻州	山西	265	雅安	四川	280	伊春	黑龙江
236	河池	广西	251	铜陵	安徽	266	保山	云南	281	海东	青海
237	淮北	安徽	252	庆阳	甘肃	267	池州	安徽	282	定西	甘肃
238	鹤壁	河南	253	安康	陕西	268	黑河	黑龙江	283	铜川	陕西
239	景德镇	江西	254	崇左	广西	269	普洱	云南	284	陇南	甘肃
240	白城	吉林	255	来宾	广西	270	七台河	黑龙江	285	嘉峪关	甘肃
241	白山	吉林	256	阜新	辽宁	271	张家界	湖南	286	中卫	宁夏
242	昭通	云南	257	广元	四川	272	平凉	甘肃	287	丽江	云南
243	葫芦岛	辽宁	258	双鸭山	黑龙江	273	安顺	贵州	288	固原	宁夏
244	云浮	广东	259	贺州	广西	274	鹤岗	黑龙江	289	三沙	海南
245	随州	湖北	260	铜仁	贵州	275	武威	甘肃			
246	潮州	广东	261	巴中	四川	276	临沧	云南			
247	新余	江西	262	黄山	安徽	277	张掖	甘肃			

2. *城市进入实证化研究

2015 年 30 个风险城市及排名　　　　　　　　　　表 6-6

风险排名	城市	省份（直辖市、自治区）	风险排名	城市	省份（直辖市、自治区）	风险排名	城市	省份（直辖市、自治区）
1	三沙	海南	11	临沧	云南	21	保山	云南
2	固原	宁夏	12	安顺	贵州	22	黑河	黑龙江
3	丽江	云南	13	吴忠	宁夏	23	池州	安徽
4	定西	甘肃	14	张掖	甘肃	24	铜仁	贵州
5	中卫	宁夏	15	武威	甘肃	25	商洛	陕西
6	陇南	甘肃	16	金昌	甘肃	26	七台河	黑龙江
7	海东	青海	17	平凉	甘肃	27	巴中	四川
8	铜川	陕西	18	普洱	云南	28	雅安	四川
9	嘉峪关	甘肃	19	张家界	湖南	29	防城港	广西
10	伊春	黑龙江	20	鹤岗	黑龙江	30	白银	甘肃

2015 年地级市商业繁荣程度排名：前 100 名　　　　　　表 6-7

排名	城市	省份（直辖市、自治区）	风险排名	城市	省份（直辖市、自治区）	风险排名	城市	省份（直辖市、自治区）
1	上海	上海	3	北京	北京	5	南京	江苏
2	广州	广东	4	深圳	广东	6	成都	四川

排名	城市	省份（直辖市、自治区）	风险排名	城市	省份（直辖市、自治区）	风险排名	城市	省份（直辖市、自治区）
7	杭州	浙江	39	哈尔滨	黑龙江	71	马鞍山	安徽
8	无锡	江苏	40	嘉兴	浙江	72	鞍山	辽宁
9	天津	天津	41	淄博	山东	73	保定	河北
10	苏州	江苏	42	昆明	云南	74	三亚	海南
11	宁波	浙江	43	台州	浙江	75	株洲	湖南
12	大连	辽宁	44	呼和浩特	内蒙古	76	岳阳	湖南
13	青岛	山东	45	威海	山东	77	保山	云南
14	佛山	广东	46	唐山	河北	78	盘锦	辽宁
15	重庆	重庆	47	南昌	江西	79	张家界	湖南
16	武汉	湖北	48	珠海	广东	80	丽江	云南
17	常州	江苏	49	临沂	山东	81	九江	江西
18	沈阳	辽宁	50	中山	广东	82	玉林	广西
19	长沙	湖南	51	盐城	江苏	83	嘉峪关	甘肃
20	郑州	河南	52	包头	内蒙古	84	海口	海南
21	南通	江苏	53	济宁	山东	85	赣州	江西
22	烟台	山东	54	惠州	广东	86	乌鲁木齐	新疆
23	西安	陕西	55	芜湖	安徽	87	钦州	广西
24	福州	福建	56	东营	山东	88	绥化	黑龙江
25	东莞	广东	57	太原	山西	89	营口	辽宁
26	合肥	安徽	58	湖州	浙江	90	北海	广西
27	泉州	福建	59	连云港	江苏	91	抚顺	辽宁
28	厦门	福建	60	南宁	广西	92	本溪	辽宁
29	济南	山东	61	泰安	山东	93	拉萨	西藏
30	温州	浙江	62	淮安	江苏	94	舟山	浙江
31	石家庄	河北	63	贵阳	贵州	95	邯郸	河北
32	绍兴	浙江	64	洛阳	河南	96	兰州	甘肃
33	潍坊	山东	65	大庆	黑龙江	97	黄山	安徽
34	徐州	江苏	66	吉林	吉林	98	阳江	广东
35	长春	吉林	67	泰州	江苏	99	铜陵	安徽
36	扬州	江苏	68	襄阳	湖北	100	德州	山东
37	金华	浙江	69	宜昌	湖北			
38	镇江	江苏	70	江门	广东			

四、县级尺度分析

逻辑思路：房地产投资潜力和其经济强度成正比；与人口密度成正比。

计算过程：

设某个县级潜力指数为 Z_i，经济强度 G 用 GDP 等指标表征，置业强度 P 用人口密度等指标进行表征，则：

$$Z_i = G*45\%+P*55\%$$

对 Z_i 按降序排名，得到各个县级的投资潜力排名。

2016 年县域投资潜力排名（总共 1884 个县域单位，限于篇幅仅列出前 300 名和后 300 名）见表 6-8、表 6-9。

2016 年县域投资潜力排名：前 300 名　　　　　　　　　　表 6-8

排名	县市	省份(直辖市、自治区)	排名	县市	省份(直辖市、自治区)	排名	县市	省份(直辖市、自治区)
1	昆山市	江苏	26	福清市	福建	51	邹平县	山东
2	江阴市	江苏	27	寿光市	山东	52	石狮市	福建
3	常熟市	江苏	28	邹城市	山东	53	平度市	山东
4	张家港市	江苏	29	海安县	江苏	54	武安市	河北
5	晋江市	福建	30	龙口市	山东	55	大冶市	湖北
6	义乌市	浙江	31	胶州市	山东	56	临海市	浙江
7	慈溪市	浙江	32	新泰市	山东	57	沛县	江苏
8	宜兴市	江苏	33	如东县	江苏	58	邳州市	江苏
9	诸暨市	浙江	34	沭阳县	江苏	59	莱州市	山东
10	温岭市	浙江	35	东台市	江苏	60	天门市	湖北
11	南安市	福建	36	仙桃市	湖北	61	博罗县	广东
12	余姚市	浙江	37	诸城市	山东	62	平湖市	浙江
13	瑞安市	浙江	38	泰兴市	江苏	63	丰城市	江西
14	乐清市	浙江	39	兴化市	江苏	64	无为县	安徽
15	太仓市	江苏	40	苍南县	浙江	65	广饶县	山东
16	丹阳市	江苏	41	宁乡市	湖南	66	惠安县	福建
17	滕州市	山东	42	三河市	河北	67	太和县	安徽
18	如皋市	江苏	43	溧阳市	江苏	68	临泉县	安徽
19	南昌县	江西	44	永康市	浙江	69	青州市	山东
20	海门市	江苏	45	靖江市	江苏	70	固始县	河南
21	海宁市	浙江	46	荣成市	山东	71	龙海市	福建
22	长沙县	湖南	47	迁安市	河北	72	枣阳市	湖北
23	启东市	江苏	48	东阳市	浙江	73	宁海县	浙江
24	浏阳市	湖南	49	永城市	河南	74	潜江市	湖北
25	桐乡市	浙江	50	普宁市	广东	75	肥城市	山东

排名	县市	省份（直辖市、自治区）	排名	县市	省份（直辖市、自治区）	排名	县市	省份（直辖市、自治区）
76	睢宁县	江苏	113	滨海县	江苏	150	怀远县	安徽
77	高密市	山东	114	颍上县	安徽	151	滑县	河南
78	长兴县	浙江	115	肥西县	安徽	152	霸州市	河北
79	定州市	河北	116	神木市	陕西	153	项城市	河南
80	惠东县	广东	117	郓城县	山东	154	仙游县	福建
81	新密市	河南	118	嵊州市	浙江	155	兴义市	贵州
82	永嘉县	浙江	119	平阳县	浙江	156	巢湖市	安徽
83	巩义市	河南	120	仪征市	江苏	157	兰考县	河南
84	建湖县	江苏	121	邓州市	河南	158	金堂县	四川
85	简阳市	四川	122	西昌市	四川	159	阳新县	湖北
86	玉环市	浙江	123	德清县	浙江	160	南雄市	广东
87	新郑市	河南	124	招远市	山东	161	涟水县	江苏
88	廉江市	广东	125	广水市	湖北	162	桓台县	山东
89	禹州市	河南	126	麻城市	湖北	163	扬中市	江苏
90	仁寿县	四川	127	丰县	江苏	164	安阳县	河南
91	嘉善县	浙江	128	四会市	广东	165	大理市	云南
92	闽侯县	福建	129	宝应县	江苏	166	彭州市	四川
93	盘州市	贵州	130	都江堰市	四川	167	乐平市	江西
94	醴陵市	湖南	131	荥阳市	河南	168	浠水县	湖北
95	耒阳市	湖南	132	长葛市	河南	169	莒县	山东
96	济源市	河南	133	沂水县	山东	170	中江县	四川
97	任丘市	河北	134	安溪县	福建	171	阳谷县	山东
98	桂平市	广西	135	遵化市	河北	172	江油市	四川
99	长乐市	福建	136	泗阳县	江苏	173	单县	山东
100	新沂市	江苏	137	泗洪县	江苏	174	虞城县	河南
101	汉川市	湖北	138	崇州市	四川	175	北流市	广西
102	象山县	浙江	139	海盐县	浙江	176	宜都市	湖北
103	高邮市	江苏	140	肥东县	安徽	177	西平县	河南
104	曹县	山东	141	渠县	四川	178	天长市	安徽
105	钟祥市	湖北	142	莱西市	山东	179	安吉县	浙江
106	东海县	江苏	143	兰陵县	山东	180	台山市	广东
107	云阳县	重庆	144	博白县	广西	181	三台县	四川
108	南部县	四川	145	衡南县	湖南	182	上蔡县	河南
109	阜宁县	江苏	146	高州市	广东	183	偃师市	河南
110	射阳县	江苏	147	嘉祥县	山东	184	开平市	广东
111	庐江县	安徽	148	衡阳县	湖南	185	辛集市	河北
112	句容市	江苏	149	邵东县	湖南	186	汝州市	河南

排名	县市	省份（直辖市、自治区）	排名	县市	省份（直辖市、自治区）	排名	县市	省份（直辖市、自治区）
187	郸城县	河南	226	博兴县	山东	265	祁东县	湖南
188	曲阜市	山东	227	淮阳县	河南	266	进贤县	江西
189	灌云县	江苏	228	辉县市	河南	267	灵璧县	安徽
190	仁怀市	贵州	229	夏邑县	河南	268	攸县	湖南
191	平南县	广西	230	汨罗市	湖南	269	仪陇县	四川
192	灵山县	广西	231	鄱阳县	江西	270	楚雄市	云南
193	垫江县	重庆	232	商水县	河南	271	老河口市	湖北
194	忠县	重庆	233	陆丰市	广东	272	揭西县	广东
195	昌邑市	山东	234	涿州市	河北	273	蒲城县	陕西
196	樟树市	江西	235	化州市	广东	274	宾阳县	广西
197	宣汉县	四川	236	富顺县	四川	275	常宁市	湖南
198	资中县	四川	237	凯里市	贵州	276	安岳县	四川
199	泸县	四川	238	新昌县	浙江	277	营山县	四川
200	东平县	山东	239	滦县	河北	278	费县	山东
201	莒南县	山东	240	武陟县	河南	279	当阳市	湖北
202	蓬莱市	山东	241	平舆县	河南	280	汾上县	山东
203	微山县	山东	242	齐河县	山东	281	沂南县	山东
204	宁阳县	山东	243	林州市	河南	282	灌南县	江苏
205	盱眙县	江苏	244	大方县	贵州	283	云梦县	湖北
206	太康县	河南	245	黄梅县	湖北	284	新安县	河南
207	罗定市	广东	246	奉节县	重庆	285	信宜市	广东
208	临朐县	山东	247	于都县	江西	286	修水县	江西
209	沈丘县	河南	248	寿县	安徽	287	怀宁县	安徽
210	河间市	河北	249	广汉市	四川	288	宣威市	云南
211	蕲春县	湖北	250	连江县	福建	289	蒙城县	安徽
212	高安市	江西	251	桐城市	安徽	290	应城市	湖北
213	射洪县	四川	252	莱阳市	山东	291	横县	广西
214	恩施市	湖北	253	湘潭县	湖南	292	镇平县	河南
215	大竹县	四川	254	新化县	湖南	293	邛崃市	四川
216	伊川县	河南	255	临清市	山东	294	长丰县	安徽
217	巨野县	山东	256	兴宁市	广东	295	韩城市	陕西
218	茌平县	山东	257	桐庐县	浙江	296	武穴市	湖北
219	海阳市	山东	258	漳浦县	福建	297	威宁彝族回族苗族自治县	贵州
220	贵溪市	江西	259	海丰县	广东			
221	濮阳县	河南	260	阆中市	四川	298	民权县	河南
222	兰溪市	浙江	261	京山县	湖北	299	濉溪县	安徽
223	玉田县	河北	262	阳春市	广东	300	香河县	河北
224	萧县	安徽	263	湘乡市	湖南			
225	枝江市	湖北	264	上饶县	江西			

排名	县市	省份（直辖市、自治区）	排名	县市	省份（直辖市、自治区）	排名	县市	省份（直辖市、自治区）
1585	松溪县	福建	1619	额尔古纳市	内蒙古	1651	右玉县	山西
1586	石台县	安徽	1620	凤山县	广西	1652	连山壮族瑶族自治县	广东
1587	乌拉特后旗	内蒙古	1621	洛浦县	新疆			
1588	额敏县	新疆	1622	巩留县	新疆	1653	宁洱哈尼族彝族自治县	云南
1589	柏乡县	河北	1623	巴里坤哈萨克自治县	新疆			
1590	连南瑶族自治县	广东				1654	沁县	山西
1591	循化撒拉族自治县	青海	1624	淳化县	陕西	1655	永寿县	陕西
1592	静乐县	山西	1625	天峨县	广西	1656	永平县	云南
1593	陇川县	云南	1626	察布查尔锡伯自治县	新疆	1657	长海县	辽宁
1594	云龙县	云南				1658	古县	山西
1595	康县	甘肃	1627	交口县	山西	1659	麟游县	陕西
1596	和顺县	山西	1628	杜尔伯特蒙古族自治县	黑龙江	1660	偏关县	山西
1597	茂县	四川				1661	灵台县	甘肃
1598	麦盖提县	新疆	1629	美姑县	四川	1662	广灵县	山西
1599	浮山县	山西	1630	贵德县	青海	1663	双江拉祜族佤族布朗族傣族自治县	云南
1600	施秉县	贵州	1631	临潭县	甘肃			
1601	绥江县	云南	1632	陈巴尔虎旗	内蒙古	1664	岳普湖县	新疆
1602	隆德县	宁夏	1633	九寨沟县	四川	1665	泸定县	四川
1603	漳县	甘肃	1634	马尔康市	四川	1666	昭苏县	新疆
1604	阳曲县	山西	1635	柘荣县	福建	1667	延长县	陕西
1605	五寨县	山西	1636	河口瑶族自治县	云南	1668	哈巴河县	新疆
1606	尼勒克县	新疆	1637	那坡县	广西	1669	合作市	甘肃
1607	精河县	新疆	1638	镇康县	云南	1670	安泽县	山西
1608	抚顺县	辽宁	1639	若羌县	新疆	1671	海晏县	青海
1609	林甸县	黑龙江	1640	水富县	云南	1672	榆社县	山西
1610	富蕴县	新疆	1641	图木舒克市	新疆	1673	新和县	新疆
1611	新河县	河北	1642	苏尼特右旗	内蒙古	1674	沧源佤族自治县	云南
1612	黎城县	山西	1643	绿春县	云南	1675	梁河县	云南
1613	宁蒗彝族自治县	云南	1644	富县	陕西	1676	新巴尔虎右旗	内蒙古
1614	剑川县	云南	1645	平顺县	山西	1677	乌什县	新疆
1615	于田县	新疆	1646	湟源县	青海	1678	普格县	四川
1616	轮台县	新疆	1647	双柏县	云南	1679	特克斯县	新疆
1617	和田县	新疆	1648	千阳县	陕西	1680	金阳县	四川
1618	镇沅彝族哈尼族拉祜族自治县	云南	1649	五指山市	海南	1681	汾西县	山西
			1650	大同县	山西	1682	太仆寺旗	内蒙古

排名	县市	省份（直辖市、自治区）	排名	县市	省份（直辖市、自治区）	排名	县市	省份（直辖市、自治区）
1683	吉县	山西	1716	卓尼县	甘肃	1750	新巴尔虎左旗	内蒙古
1684	德钦县	云南	1717	布尔津县	新疆	1751	尖扎县	青海
1685	乐业县	广西	1718	黑水县	四川	1752	和硕县	新疆
1686	崇信县	甘肃	1719	孙吴县	黑龙江	1753	阿坝县	四川
1687	北屯市	新疆	1720	和布克赛尔蒙古自治县	新疆	1754	若尔盖县	四川
1688	金秀瑶族自治县	广西				1755	墨竹工卡县	西藏
1689	孟连傣族拉祜族佤族自治县	云南	1721	宜君县	陕西	1756	镶黄旗	内蒙古
			1722	且末县	新疆	1757	正镶白旗	内蒙古
1690	绥滨县	黑龙江	1723	金川县	四川	1758	太白县	陕西
1691	隰县	山西	1724	阿尔山市	内蒙古	1759	甘孜县	四川
1692	同仁县	青海	1725	饶河县	黑龙江	1760	都兰县	青海
1693	屏边苗族自治县	云南	1726	宜川县	陕西	1761	雅江县	四川
1694	木垒哈萨克自治县	新疆	1727	策勒县	新疆	1762	博湖县	新疆
1695	方山县	山西	1728	芒康县	西藏	1763	理县	四川
1696	乌鲁木齐县	新疆	1729	娄烦县	山西	1764	色达县	四川
1697	松潘县	四川	1730	石渠县	四川	1765	道孚县	四川
1698	尉犁县	新疆	1731	神池县	山西	1766	迭部县	甘肃
1699	西林县	广西	1732	九龙县	四川	1767	巴塘县	四川
1700	长岛县	山东	1733	夏河县	甘肃	1768	玛曲县	甘肃
1701	江城哈尼族彝族自治县	云南	1734	伊吾县	新疆	1769	永和县	山西
			1735	石楼县	山西	1770	兴海县	青海
1702	泾源县	宁夏	1736	霍尔果斯市	新疆	1771	西盟佤族自治县	云南
1703	布拖县	四川	1737	甘泉县	陕西	1772	嘉荫县	黑龙江
1704	小金县	四川	1738	南澳县	广东	1773	青河县	新疆
1705	福贡县	云南	1739	友谊县	黑龙江	1774	贵南县	青海
1706	岢岚县	山西	1740	漠河县	黑龙江	1775	玛沁县	青海
1707	福海县	新疆	1741	宁陕县	陕西	1776	红原县	四川
1708	吴堡县	陕西	1742	阿拉善右旗	内蒙古	1777	镇坪县	陕西
1709	丹巴县	四川	1743	苏尼特左旗	内蒙古	1778	塔什库尔干塔吉克自治县	新疆
1710	阿巴嘎旗	内蒙古	1744	玉树市	青海			
1711	永仁县	云南	1745	理塘县	四川	1779	大宁县	山西
1712	托里县	新疆	1746	达孜县	西藏	1780	塔河县	黑龙江
1713	逊克县	黑龙江	1747	漾濞彝族自治县	云南	1781	呼玛县	黑龙江
1714	合山市	广西	1748	祁连县	青海	1782	江孜县	西藏
1715	额济纳旗	内蒙古	1749	乌恰县	新疆	1783	泽库县	青海

排名	县市	省份（直辖市、自治区）	排名	县市	省份（直辖市、自治区）	排名	县市	省份（直辖市、自治区）
1784	稻城县	四川	1817	佛坪县	陕西	1851	嘉黎县	西藏
1785	刚察县	青海	1818	杂多县	青海	1852	错那县	西藏
1786	温泉县	新疆	1819	那曲县	西藏	1853	安多县	西藏
1787	阿合奇县	新疆	1820	谢通门县	西藏	1854	班戈县	西藏
1788	黄龙县	陕西	1821	江达县	西藏	1855	玛多县	青海
1789	白玉县	四川	1822	八宿县	西藏	1856	边坝县	西藏
1790	碌曲县	甘肃	1823	民丰县	新疆	1857	左贡县	西藏
1791	吉木乃县	新疆	1824	留坝县	陕西	1858	甘德县	青海
1792	贡山独龙族怒族自治县	云南	1825	得荣县	四川	1859	尼玛县	西藏
			1826	昂仁县	西藏	1860	噶尔县	西藏
1793	肃北蒙古族自治县	甘肃	1827	丁青县	西藏	1861	仲巴县	西藏
			1828	阿克塞哈萨克族自治县	甘肃	1862	洛扎县	西藏
1794	壤塘县	四川				1863	康马县	西藏
1795	乌兰县	青海	1829	浪卡子县	西藏	1864	聂拉木县	西藏
1796	贡嘎县	西藏	1830	白朗县	西藏	1865	曲松县	西藏
1797	同德县	青海	1831	萨迦县	西藏	1866	巴青县	西藏
1798	炉霍县	四川	1832	比如县	西藏	1867	琼结县	西藏
1799	德格县	四川	1833	柯坪县	新疆	1868	聂荣县	西藏
1800	米林县	西藏	1834	乡城县	四川	1869	亚东县	西藏
1801	南木林县	西藏	1835	加查县	西藏	1870	定结县	西藏
1802	拉孜县	西藏	1836	称多县	青海	1871	申扎县	西藏
1803	囊谦县	青海	1837	曲麻莱县	青海	1872	吉隆县	西藏
1804	治多县	青海	1838	尼木县	西藏	1873	墨脱县	西藏
1805	两当县	甘肃	1839	波密县	西藏	1874	萨嘎县	西藏
1806	当雄县	西藏	1840	洛隆县	西藏	1875	改则县	西藏
1807	新龙县	四川	1841	桑日县	西藏	1876	措美县	西藏
1808	定日县	西藏	1842	达日县	青海	1877	普兰县	西藏
1809	裕民县	新疆	1843	仁布县	西藏	1878	朗县	西藏
1810	曲水县	西藏	1844	贡觉县	西藏	1879	札达县	西藏
1811	天峻县	青海	1845	类乌齐县	西藏	1880	革吉县	西藏
1812	隆子县	西藏	1846	索县	西藏	1881	日土县	西藏
1813	河南蒙古族自治县	青海	1847	工布江达县	西藏	1882	岗巴县	西藏
1814	察雅县	西藏	1848	班玛县	青海	1883	措勤县	西藏
1815	扎囊县	西藏	1849	察隅县	西藏	1884	双湖县	西藏
1816	林周县	西藏	1850	久治县	青海			

五、板块和镇域尺度分析

1.逻辑思路：镇域房地产投资潜力和其经济强度成正比；与人口密度成正比，和规划变化、产业导入、交通、配套等相关。

计算过程：

设某个镇域的投资潜力指数为 Z_i；经济强度 G 用 GDP 等指标表征，置业强度 P 用人口密度等指标进行表征，则：

$$Z_i = G * 45\% + P * 55\%$$

对 Z_i 按降序排名，得到各个镇域的投资潜力排名。

2016 年镇域投资潜力排名（总共 18969 个镇域，限于篇幅，列出前 500 名与后 500 名），见表 6-10 和表 6-11。

2016 年镇域投资潜力排名：前 500 名　　　　　　　　表 6-10

排名	镇域	省份（直辖市、自治区）	排名	镇域	省份（直辖市、自治区）
1	东莞市虎门镇	广东	24	闵行区颛桥镇	上海
2	嘉定区安亭镇	上海	25	浦东新区川沙新镇	上海
3	东莞市长安镇	广东	26	松江区新桥镇	上海
4	东莞市塘厦镇	广东	27	浦东新区三林镇	上海
5	闵行区浦江镇	上海	28	松江区车墩镇	上海
6	闵行区梅陇镇	上海	29	东莞市厚街镇	广东
7	南海区狮山镇	广东	30	浦东新区曹路镇	上海
8	苏州工业园区直属镇	江苏	31	闵行区虹桥镇	上海
9	昌平区北七家镇	北京	32	广州市增城区仙村镇	上海
10	苏州市吴江区太湖新城镇	江苏	33	广州市增城区石滩镇	上海
11	上海市宝山区大场镇	上海	34	广州市增城区派潭镇	上海
12	奉贤区南桥镇	上海	35	广州市增城区中新镇	广东
13	闵行区莘庄镇	上海	36	广州市增城区正果镇	广东
14	浦东新区康桥镇	上海	37	广州市增城区小楼镇	上海
15	嘉定区江桥镇	上海	38	嘉定区南翔镇	上海
16	嘉定区马陆镇	上海	39	上海市宝山区淞南镇	上海
17	浦东新区祝桥镇	上海	40	奉贤区奉城镇	上海
18	浦东新区张江镇	上海	41	浦东新区唐镇	上海
19	浦东新区周浦镇	上海	42	浦东新区惠南镇	上海
20	松江区九亭镇	上海	43	上海市宝山区月浦镇	上海
21	上海市宝山区顾村镇	上海	44	青浦区华新镇	上海
22	闵行区吴泾镇	上海	45	金山区枫泾镇	上海
23	闵行区七宝镇	上海	46	青浦区朱家角镇	上海

排名	镇域	省份（直辖市、自治区）	排名	镇域	省份（直辖市、自治区）
47	浦东新区新场镇	上海	83	浦东新区高东镇	上海
48	奉贤区金汇镇	上海	84	浦东新区宣桥镇	上海
49	浦东新区合庆镇	上海	85	崇明区东平镇	上海
50	闵行区华漕镇	上海	86	奉贤区四团镇	上海
51	广州市增城区新塘镇	广东	87	崇明区陈家镇	上海
52	奉贤区海湾镇	上海	88	青浦区练塘镇	上海
53	上海市宝山区高境镇	上海	89	金山区吕巷镇	上海
54	奉贤区庄行镇	上海	90	松江区石湖荡镇	上海
55	松江区泗泾镇	上海	91	上海市宝山区罗泾镇	上海
56	松江区洞泾镇	上海	92	松江区小昆山镇	上海
57	佛山市顺德区北滘镇	广东	93	金山区金山卫镇	上海
58	闵行区马桥镇	上海	94	湖州市吴兴区织里镇	浙江
59	嘉定区外冈镇	上海	95	金山区张堰镇	上海
60	金山区朱泾镇	上海	96	昌平区小汤山镇	北京
61	嘉定区徐行镇	上海	97	佛山市南海区大沥镇	广东
62	上海市宝山区罗店镇	上海	98	东莞市黄江镇	广东
63	常熟市虞山镇	江苏	99	青浦区重固镇	上海
64	浦东新区南汇新城镇	上海	100	浦东新区泥城镇	上海
65	浦东新区航头镇	上海	101	张家港市锦丰镇	江苏
66	奉贤区青村镇	上海	102	松江区泖港镇	上海
67	上海市宝山区庙行镇	上海	103	中山市小榄镇	广东
68	崇明区城桥镇	上海	104	嘉定区华亭镇	上海
69	金山区亭林镇	上海	105	浦东新区大团镇	上海
70	青浦区白鹤镇	上海	106	浦东新区书院镇	上海
71	平湖市新埭镇	浙江	107	松江区新浜镇	上海
72	崇明区长兴镇	上海	108	通州区台湖镇	北京
73	平湖市新仓镇	浙江	109	金山区漕泾镇	上海
74	青浦区赵巷镇	上海	110	通州区宋庄镇	北京
75	东莞市凤岗镇	广东	111	延庆区延庆镇	北京
76	松江区叶榭镇	上海	112	张家港市金港镇	江苏
77	奉贤区柘林镇	上海	113	溧阳市溧城镇	江苏
78	金山区山阳镇	上海	114	浦东新区高行镇	上海
79	松江区佘山镇	上海	115	浦东新区老港镇	上海
80	浦东新区金桥镇	上海	116	张家港市杨舍镇	江苏
81	太仓市城厢镇	江苏	117	延庆区康庄镇	北京
82	青浦区金泽镇	上海	118	大兴区魏善庄镇	北京

排名	镇域	省份(直辖市、自治区)	排名	镇域	省份(直辖市、自治区)
119	金山区廊下镇	上海	155	大兴区采育镇	北京
120	崇明区堡镇	上海	156	大兴区榆垡镇	北京
121	通州区马驹桥镇	北京	157	房山区阎村镇	北京
122	浦东新区万祥镇	上海	158	扬州市江都区仙女镇	江苏
123	崇明区新河镇	上海	159	顺义区北小营镇	北京
124	房山区长沟镇	北京	160	丰台区王佐镇	北京
125	东莞市寮步镇	广东	161	丰台区长辛店镇	北京
126	崇明区庙镇	上海	162	顺义区高丽营镇	北京
127	顺义区龙湾屯镇	北京	163	通州区永乐店镇	北京
128	崇明区竖新镇	上海	164	通州区西集镇	北京
129	崇明区港沿镇	上海	165	海安县海安镇	江苏
130	崇明区向化镇	上海	166	广州市番禺区南村镇	广东
131	东莞市大朗镇	广东	167	顺义区赵全营镇	北京
132	崇明区中兴镇	上海	168	大兴区长子营镇	北京
133	崇明区建设镇	上海	169	房山区青龙湖镇	北京
134	通州区张家湾镇	北京	170	房山区大石窝镇	北京
135	崇明区三星镇	上海	171	密云区西田各庄镇	北京
136	广饶县大王镇	山东	172	密云区溪翁庄镇	北京
137	崇明区新海镇	上海	173	密云区太师屯镇	北京
138	房山区长阳镇	北京	174	大兴区北臧村镇	北京
139	崇明区港西镇	上海	175	怀柔区杨宋镇	北京
140	密云区古北口镇	北京	176	密云区十里堡镇	北京
141	昆山市玉山镇	江苏	177	平谷区夏各庄镇	北京
142	东莞市大岭山镇	广东	178	延庆区永宁镇	北京
143	顺义区李桥镇	北京	179	怀柔区北房镇	北京
144	房山区窦店镇	北京	180	平谷区东高村镇	北京
145	通州区潞城镇	北京	181	房山区石楼镇	北京
146	崇明区绿华镇	上海	182	昌平区百善镇	北京
147	大兴区青云店镇	北京	183	昌平区南邵镇	北京
148	南海区西樵镇	广东	184	昌平区阳坊镇	北京
149	顺义区南彩镇	北京	185	房山区韩村河镇	北京
150	大兴区庞各庄镇	北京	186	密云区河南寨镇	北京
151	东莞市石碣镇	广东	187	昌平区兴寿镇	北京
152	广州市花都区狮岭镇	广东	188	密云区穆家峪镇	北京
153	苍南县龙港镇	浙江	189	顺义区木林镇	北京
154	通州区漷县镇	北京	190	顺义区李遂镇	北京

排名	镇域	省份(直辖市、自治区)	排名	镇域	省份(直辖市、自治区)
191	大兴区礼贤镇	北京	227	门头沟区妙峰山镇	北京
192	密云区巨各庄镇	北京	228	密云区北庄镇	北京
193	顺义区张镇	北京	229	房山区十渡镇	北京
194	昌平区十三陵镇	北京	230	门头沟区清水镇	北京
195	东莞市沙田镇	广东	231	延庆区千家店镇	北京
196	平谷区王辛庄镇	北京	232	怀柔区九渡河镇	北京
197	大兴区安定镇	北京	233	延庆区井庄镇	北京
198	怀柔区桥梓镇	北京	234	密云区东邵渠镇	北京
199	密云区密云镇	北京	235	密云区新城子镇	北京
200	昌平区流村镇	北京	236	平谷区镇罗营镇	北京
201	平谷区山东庄镇	北京	237	密云区冯家峪镇	北京
202	顺义区大孙各庄镇	北京	238	门头沟区雁翅镇	北京
203	门头沟区军庄镇	北京	239	怀柔区宝山镇	北京
204	房山区河北镇	北京	240	苏州市吴江区盛泽镇	江苏
205	昌平区崔村镇	北京	241	延庆区四海镇	北京
206	顺义区北石槽镇	北京	242	怀柔区琉璃庙镇	北京
207	平谷区大兴庄镇	北京	243	密云区石城镇	北京
208	昌平区延寿镇	北京	244	平谷区刘家店镇	北京
209	怀柔区汤河口镇	北京	245	南海区里水镇	广东
210	延庆区旧县镇	北京	246	广州市南沙区黄阁镇	广东
211	房山区张坊镇	北京	247	瑞安市塘下镇	浙江
212	顺义区北务镇	北京	248	启东市汇龙镇	江苏
213	平谷区马昌营镇	北京	249	杭州市萧山区瓜沥镇	浙江
214	平谷区南独乐河镇	北京	250	乐清市柳市镇	浙江
215	怀柔区怀北镇	北京	251	东莞市麻涌镇	广东
216	密云区高岭镇	北京	252	晋江市陈埭镇	福建
217	延庆区八达岭镇	北京	253	东莞市横沥镇	广东
218	怀柔区渤海镇	北京	254	绍兴市柯桥区马鞍镇	浙江
219	延庆区张山营镇	北京	255	苍南县灵溪镇	浙江
220	平谷区大华山镇	北京	256	广州市白云区江高镇	广东
221	密云区不老屯镇	北京	257	佛山市顺德区龙江镇	广东
222	延庆区沈家营镇	北京	258	济宁市兖州区新兖镇	山东
223	门头沟区斋堂镇	北京	259	三河市燕郊镇	河北
224	门头沟区潭柘寺镇	北京	260	东莞市高埗镇	广东
225	延庆区大榆树镇	北京	261	泗阳县众兴镇	江苏
226	密云区大城子镇	北京	262	广州市南沙区大岗镇	广东

排名	镇域	省份（直辖市、自治区）	排名	镇域	省份（直辖市、自治区）
263	昆山市张浦镇	江苏	299	东莞市谢岗镇	广东
264	海安县城东镇	江苏	300	慈溪市周巷镇	浙江
265	诸暨市店口镇	浙江	301	中山市南头镇	广东
266	泰兴市滨江镇	江苏	302	泗洪县青阳镇	江苏
267	苏州市吴中区木渎镇	江苏	303	东莞市企石镇	广东
268	东莞市樟木头镇	广东	304	扬州市江都区大桥镇	江苏
269	江阴市周庄镇	江苏	305	南通市通州区金沙镇	江苏
270	南昌市青山湖区蛟桥镇	江西	306	佛山市顺德区乐从镇	广东
271	广州市花都区花东镇	广东	307	东莞市东坑镇	广东
272	湖州市南浔区南浔镇	浙江	308	广州市番禺区沙湾镇	广东
273	广州市番禺区石基镇	广东	309	临海市杜桥镇	浙江
274	苏州市吴江区黎里镇	江苏	310	东阳市横店镇	浙江
275	广州市番禺区石楼镇	广东	311	珠海市斗门区井岸镇	广东
276	江阴市华士镇	江苏	312	广州市白云区太和镇	广东
277	常州市新北区春江镇	江苏	313	霸州市胜芳镇	河北
278	东莞市中堂镇	广东	314	中山市坦洲镇	广东
279	龙海市角美镇	福建	315	东莞市道滘镇	广东
280	唐山市丰南区丰南镇	河北	316	苏州市相城区黄埭镇	江苏
281	中山市黄圃镇	广东	317	灵武市宁东镇	宁夏
282	垦利县胜坨镇	山东	318	兴化市戴南镇	江苏
283	温岭市泽国镇	浙江	319	荥阳市豫龙镇	河南
284	惠来县惠城镇	广东	320	东莞市桥头镇	广东
285	东莞市石排镇	广东	321	宁波市鄞州区姜山镇	浙江
286	广州市南沙区东涌镇	广东	322	南安市水头镇	福建
287	常州市武进区湖塘镇	江苏	323	睢宁县睢城镇	江苏
288	东台市东台镇	江苏	324	昆山市花桥镇	江苏
289	昆山市千灯镇	江苏	325	邹城市北宿镇	山东
290	佛山市三水区乐平镇	广东	326	张家港市塘桥镇	江苏
291	如皋市长江镇	江苏	327	东莞市石龙镇	广东
292	平阳县鳌江镇	浙江	328	大丰市大中镇	江苏
293	绍兴市柯桥区钱清镇	浙江	329	中山市三乡镇	广东
294	广州市番禺区化龙镇	广东	330	博罗县罗阳镇	广东
295	宜兴市官林镇	江苏	331	仪征市真州镇	江苏
296	昆山市周市镇	江苏	332	广州市南沙区万顷沙镇	广东
297	金坛市金城镇	江苏	333	昆山市巴城镇	江苏
298	东莞市茶山镇	广东	334	晋江市安海镇	福建

排名	镇域	省份（直辖市、自治区）	排名	镇域	省份（直辖市、自治区）
335	广州市增城区仙村镇	广东	371	汉川市马口镇	湖北
336	宁波市鄞州区五乡镇	浙江	372	广饶县稻庄镇	山东
337	慈溪市观海卫镇	浙江	373	宁波市江北区慈城镇	浙江
338	昆山市陆家镇	江苏	374	岐山县蔡家坡镇	陕西
339	无锡市惠山区洛社镇	江苏	375	泰兴市黄桥镇	江苏
340	中山市古镇镇	广东	376	南昌市青山湖区湖坊镇	江西
341	佛山市顺德区杏坛镇	广东	377	东源县涧头镇	广东
342	巩义市回郭镇	河南	378	常熟市海虞镇	江苏
343	德清县武康镇	浙江	379	信阳市平桥区明港镇	河南
344	启东市吕四港镇	江苏	380	无锡市锡山区东港镇	江苏
345	灵石县翠峰镇	山西	381	珠海市香洲区横琴镇	广东
346	平湖市乍浦镇	浙江	382	神木县神木镇	陕西
347	潮州市潮安区枫溪镇	广东	383	公安县斗湖堤镇	湖北
348	肥东县店埠镇	安徽	384	楚雄市鹿城镇	云南
349	佛山市顺德区陈村镇	广东	385	石狮市宝盖镇	福建
350	佛山市顺德区均安镇	广东	386	当涂县姑孰镇	安徽
351	丹阳市丹北镇	江苏	387	太仓市沙溪镇	江苏
352	宜兴市丁蜀镇	江苏	388	温岭市大溪镇	浙江
353	广州市白云区钟落潭镇	广东	389	淄博市临淄区金山镇	山东
354	安阳县水冶镇	河南	390	绍兴市上虞区崧厦镇	浙江
355	常熟市古里镇	江苏	391	如东县掘港镇	江苏
356	绍兴市柯桥区齐贤镇	浙江	392	陇西县巩昌镇	甘肃
357	石狮市灵秀镇	福建	393	滕州市西岗镇	山东
358	松滋市新江口镇	湖北	394	中山市东凤镇	广东
359	广州市从化区太平镇	广东	395	静海县大邱庄镇	天津
360	大足区龙水镇	重庆	396	宁波市鄞州区古林镇	浙江
361	义乌市佛堂镇	浙江	397	利辛县城关镇	安徽
362	广州市白云区人和镇	广东	398	宁波市鄞州区高桥镇	浙江
363	乐清市虹桥镇	浙江	399	龙口市诸由观镇	山东
364	兴化市昭阳镇	江苏	400	中山市沙溪镇	广东
365	宝应县安宜镇	江苏	401	滨海县东坎镇	江苏
366	乐清市北白象镇	浙江	402	珠海市金湾区南水镇	广东
367	苏州市吴中区甪直镇	江苏	403	江阴市新桥镇	江苏
368	太仓市浮桥镇	江苏	404	成都市龙泉驿区柏合镇	四川
369	桐乡市崇福镇	浙江	405	宜昌市夷陵区龙泉镇	湖北
370	南海区九江镇	广东	406	饶平县黄冈镇	广东

排名	镇域	省份（直辖市、自治区）	排名	镇域	省份（直辖市、自治区）
407	晋江市东石镇	福建	446	苏州市吴江区平望镇	江苏
408	宾阳县黎塘镇	广西	447	张北县张北镇	河北
409	玉环县楚门镇	浙江	448	宾阳县宾州镇	广西
410	广州市增城区石滩镇	广东	449	博罗县园洲镇	广东
411	杭州市萧山区衙前镇	浙江	450	绍兴市越城区斗门镇	浙江
412	晋江市磁灶镇	福建	451	寿光市侯镇	山东
413	广州市增城区派潭镇	广东	452	威远县严陵镇	四川
414	邳州市官湖镇	江苏	453	广州市从化区鳌头镇	广东
415	南海区丹灶镇	广东	454	武安市武安镇	河北
416	扬中市新坝镇	江苏	455	杭州市西湖区三墩镇	浙江
417	桓台县马桥镇	山东	456	芜湖县湾沚镇	安徽
418	莱芜市兰山区义堂镇	山东	457	平阳县昆阳镇	浙江
419	仁怀市茅台镇	贵州	458	平泉县平泉镇	河北
420	平度市南村镇	山东	459	肥城市石横镇	山东
421	常熟市辛庄镇	江苏	460	南昌县向塘镇	江西
422	江阴市徐霞客镇	江苏	461	庐江县庐城镇	安徽
423	慈溪市龙山镇	浙江	462	江阴市祝塘镇	江苏
424	泰兴市虹桥镇	江苏	463	杭州市萧山区益农镇	浙江
425	张家港市凤凰镇	江苏	464	莱西市姜山镇	山东
426	辛集市辛集镇	河北	465	淮安市淮阴区王营镇	江苏
427	登封市大冶镇	河南	466	广州市花都区花山镇	广东
428	广州市南沙区榄核镇	广东	467	广州市增城区中新镇	广东
429	中山市南朗镇	广东	468	淄博市淄川区昆仑镇	山东
430	扬州市江都区邵伯镇	江苏	469	中山市三角镇	广东
431	东营市东营区史口镇	山东	470	东莞市望牛墩镇	广东
432	青岛市黄岛区泊里镇	山东	471	晋江市英林镇	福建
433	丹江口市六里坪镇	湖北	472	绍兴市柯桥区杨汛桥镇	浙江
434	合浦县廉州镇	广西	473	寿光市羊口镇	山东
435	德清县新市镇	浙江	474	即墨市蓝村镇	山东
436	汉川市新河镇	湖北	475	谷城县石花镇	湖北
437	连云港市赣榆区青口镇	江苏	476	扬州市江都区小纪镇	江苏
438	杭州市余杭区塘栖镇	浙江	477	钟祥市胡集镇	湖北
439	长葛市大周镇	河南	478	常州市武进区横山桥镇	江苏
440	张家港市南丰镇	江苏	479	新化县上梅镇	湖南
441	常州市武进区遥观镇	江苏	480	容县容州镇	广西
442	临泽县倪家营镇	甘肃	481	东莞市洪梅镇	广东
443	新郑市龙湖镇	河南	482	博白县博白镇	广西
444	余姚市泗门镇	浙江	483	南昌县莲塘镇	江西
445	晋江市深沪镇	福建	484	新乡县七里营镇	河南

排名	镇域	省份(直辖市、自治区)	排名	镇域	省份(直辖市、自治区)
485	高密市夏庄镇	山东	493	大冶市灵乡镇	湖北
486	沙坪坝区曾家镇	重庆	494	邹城市太平镇	山东
487	泉州市泉港区南埔镇	福建	495	富阳市新登镇	浙江
488	佛山市三水区白坭镇	广东	496	广州市花都区炭步镇	广东
489	桐乡市洲泉镇	浙江	497	宁波市鄞州区邱隘镇	浙江
490	宁波市鄞州区集士港镇	浙江	498	邹平县韩店镇	山东
491	莆田市荔城区西天尾镇	福建	499	峨边彝族自治县五渡镇	四川
492	嘉兴市秀洲区王江泾镇	浙江	500	宜兴市高塍镇	江苏

2016 年镇域投资潜力排名：后 500 名　　　　表 6-11

排名	镇域	省份(直辖市、自治区)	排名	镇域	省份(直辖市、自治区)
18470	武威市凉州区羊下坝镇	甘肃	18497	花垣县吉卫镇	湖南
18471	平江县浯口镇	湖南	18498	科尔沁右翼中旗杜尔基镇	内蒙古
18472	罗甸县木引镇	贵州	18499	梅河口市一座营镇	吉林省
18473	通化县兴林镇	吉林省	18500	北票市大板镇	辽宁
18474	卓尼县木耳镇	甘肃	18501	虎林市迎春镇	黑龙江
18475	文昌市公坡镇	海南	18502	万宁市三更罗镇	海南
18476	汉阴县酒店镇	陕西	18503	蒙自市鸣鹫镇	云南
18477	镇巴县巴山镇	陕西	18504	桐城市黄甲镇	安徽
18480	广元市朝天区沙河镇	四川	18505	雅安市雨城区碧峰峡镇	四川
18481	延长县张家滩镇	陕西	18506	鲁甸县新街镇	云南
18482	雅安市名山区红星镇	四川	18507	昌吉市佃坝镇	新疆
18483	城固县双溪镇	陕西	18508	民勤县泉山镇	甘肃
18484	集安市大路镇	吉林	18509	维西傈僳族自治县塔城镇	云南
18485	阿巴嘎旗查干淖尔镇	内蒙古	18510	漾濞彝族自治县顺濞镇	云南
18486	定边县姬塬镇	陕西	18511	巴林左旗白音勿拉镇	内蒙古
18487	马龙县纳章镇	云南	18512	察隅县竹瓦根镇	西藏
18488	渭南市临渭区龙背镇	陕西	18513	永宁县望洪镇	宁夏
18489	梓潼县自强镇	四川	18514	千阳县崔家头镇	陕西
18490	平山县西柏坡镇	河北	18515	宁强县舒家坝镇	陕西
18491	大姚县桂花镇	云南	18516	乾安县大布苏镇	吉林省
18492	北川羌族自治县桂溪镇	四川	18517	房县野人谷镇	湖北
18493	贵南县森多镇	青海	18518	合水县太白镇	甘肃
18494	拜城县察尔其镇	新疆	18519	汉源县皇木镇	四川
18495	岳阳市云溪区道仁矶镇	湖南	18520	孙吴县孙吴镇	黑龙江
18496	阜新蒙古族自治县大固本镇	辽宁	18521	寻甸回族彝族自治县七星镇	云南

排名	镇域	省份(直辖市、自治区)	排名	镇域	省份(直辖市、自治区)
18522	临高县皇桐镇	海南	18558	白沙黎族自治县打安镇	海南
18523	广元市元坝区卫子镇	四川	18559	石柱土家族自治县马武镇	重庆
18524	新化县奉家镇	湖南	18560	镇巴县三元镇	陕西
18525	镇巴县赤南镇	陕西	18561	铜仁市碧江区漾头镇	贵州
18526	偏关县天峰坪镇	山西	18562	代县滩上镇	山西
18527	兴义市三江口镇	贵州	18563	平武县大印镇	四川
18528	乌恰县康苏镇	新疆	18564	岚皋县四季镇	陕西
18529	南川区山王坪镇	重庆	18565	延长县黑家堡镇	陕西
18530	方山县马坊镇	山西	18566	禄劝彝族苗族自治县团街镇	云南
18531	清水县秦亭镇	甘肃	18567	沁水县柿庄镇	山西
18532	双辽市玻璃山镇	吉林	18568	瓜州县南岔镇	甘肃
18533	平山县孟家庄镇	河北	18569	萨嘎县加加镇	西藏
18534	兴城市郭家满族镇	辽宁	18570	巴里坤哈萨克自治县奎苏镇	新疆
18535	保康县后坪镇	湖北	18571	勉县长沟河镇	陕西
18536	丰都县兴龙镇	重庆	18572	大安市大岗子镇	吉林
18537	永寿县豆家镇	陕西	18573	阿勒泰市阿苇滩镇	新疆
18538	黔江区黎水镇	重庆	18574	永仁县中和镇	云南
18539	隆德县联财镇	宁夏	18575	宝鸡市陈仓区凤阁岭镇	陕西
18540	彬县底店镇	陕西	18576	密山市白鱼湾镇	黑龙江
18541	镇沅彝族哈尼族拉祜族自治县九甲镇	云南	18577	和龙市南坪镇	吉林
			18578	梁河县勐养镇	云南
18542	岚皋县堰门镇	陕西	18579	克什克腾旗达来诺日镇	内蒙古
18543	宝坻区尔王庄镇	天津	18580	井研县磨池镇	四川
18544	西丰县钓鱼镇	辽宁	18581	长武县彭公镇	陕西
18545	石泉县迎丰镇	陕西	18582	彝良县两河镇	云南
18546	通道侗族自治县牙屯堡镇	湖南	18583	广元市朝天区曾家镇	四川
18547	保亭黎族苗族自治县三道镇	海南	18584	乐业县花坪镇	广西
18548	靖宇县那尔轰镇	吉林	18585	武定县白路镇	云南
18549	汉源县富庄镇	四川	18586	德保县足荣镇	广西
18550	常德市鼎城区雷公庙镇	湖南	18587	清涧县石咀驿镇	陕西
18551	定边县樊学镇	陕西	18588	岚皋县溢河镇	陕西
18552	德格县更庆镇	四川	18589	营山县寥叶镇	四川
18553	临猗县耽子镇	山西	18590	乌苏市西大沟镇	新疆
18554	夏县泗交镇	山西	18591	山阳县法官镇	陕西
18555	遵义市红花岗区巷口镇	贵州	18592	盐源县黄草镇	四川
18556	偏关县老营镇	山西	18593	乌拉特中旗石哈河镇	内蒙古
18557	三台县柳池镇	四川	18594	平陆县三门镇	山西

排名	镇域	省份(直辖市、自治区)	排名	镇域	省份(直辖市、自治区)
18595	定边县白湾子镇	陕西	18632	儋州市雅星镇	海南
18596	同江市同江镇	黑龙江	18633	永胜县鲁地拉镇	云南
18597	富县张村驿镇	陕西	18634	江城哈尼族彝族自治县整董镇	云南
18598	保德县杨家湾镇	山西	18635	长岭县利发盛镇	吉林
18599	喜德县冕山镇	四川	18636	仪陇县大仪镇	四川
18600	镇坪县牛头店镇	陕西	18637	大兴安岭地区新林区塔尔根镇	黑龙江
18601	子长县李家岔镇	陕西	18638	镇巴县长岭镇	陕西
18602	柳城县龙头镇	广西	18639	虎林市东诚镇	黑龙江
18603	南郑县福成镇	陕西	18640	涞水县九龙镇	河北
18604	昌吉市榆树沟镇	新疆	18641	彭水苗族土家族自治县梅子垭镇	重庆
18605	永寿县御驾宫镇	陕西	18642	盘县民主镇	贵州
18606	玉龙纳西族自治县鸣音镇	云南	18643	于田县先拜巴扎镇	新疆
18607	达州市通川区江陵镇	四川	18644	商南县白浪镇	陕西
18608	扎赉特旗图牧吉镇	内蒙古	18645	荣县正紫镇	四川
18609	黄陵县田庄镇	陕西	18646	德保县隆桑镇	广西
18610	沁县郭村镇	山西	18647	宜君县棋盘镇	陕西
18611	安达市老虎岗镇	黑龙江	18648	延长县交口镇	陕西
18612	梨树县沈洋镇	吉林	18649	府谷县麻镇	陕西
18613	大荔县段家镇	陕西	18650	洛南县高耀镇	陕西
18614	康保县屯垦镇	河北	18651	景东彝族自治县太忠镇	云南
18615	广元市元坝区王家镇	四川	18652	平江县龙门镇	湖南
18616	澄江县海口镇	云南	18653	雅安市雨城区沙坪镇	四川
18617	凤凰县禾库镇	湖南	18654	天镇县米薪关镇	山西
18618	琼中黎族苗族自治县黎母山镇	海南	18655	陵水黎族自治县三才镇	海南
18619	宁强县太阳岭镇	陕西	18656	西乡县五里坝镇	陕西
18620	镇赉县黑鱼泡镇	吉林	18657	冕宁县彝海镇	四川
18621	辽阳县隆昌镇	辽宁	18658	宁洱哈尼族彝族自治县德化镇	云南
18622	景东彝族自治县文龙镇	云南	18659	陇县新集川镇	陕西
18623	昭平县富罗镇	广西	18660	天峻县木里镇	青海
18624	普兰县普兰镇	西藏	18661	青川县房石镇	四川
18625	都江堰市龙池镇	四川	18662	桦川县四马架镇	黑龙江
18626	佛坪县大河坝镇	陕西	18663	衡南县柞市镇	湖南
18627	洛南县柏峪寺镇	陕西	18664	宁洱哈尼族彝族自治县梅子镇	云南
18628	淳化县卜家镇	陕西	18665	西昌市佑君镇	四川
18629	黔江区小南海镇	重庆	18666	西乌珠穆沁旗浩勒图高勒镇	内蒙古
18630	镇坪县曙坪镇	陕西	18667	忻州市忻府区三交镇	山西
18631	太白县靖口镇	陕西	18668	洋县金水镇	陕西

排名	镇域	省份（直辖市、自治区）	排名	镇域	省份（直辖市、自治区）
18669	镇坪县洪石镇	陕西	18706	淳化县固贤镇	陕西
18670	泸水县大兴地镇	云南	18707	盐源县白乌镇	四川
18671	丰都县仙女湖镇	重庆	18708	额济纳旗哈日布日格德音乌拉镇	内蒙古
18672	天祝藏族自治县石门镇	甘肃	18709	民勤县东湖镇	甘肃
18673	科尔沁左翼后旗朝鲁吐镇	内蒙古	18710	雷山县大塘镇	贵州
18674	奇台县碧流河镇	新疆	18711	碌曲县郎木寺镇	甘肃
18675	凤凰县木江坪镇	湖南	18712	白城市洮北区洮河镇	吉林省
18676	乐山市沙湾区龚嘴镇	四川	18713	旬阳县仁河口镇	陕西
18677	子长县玉家湾镇	陕西	18714	宁强县二郎坝镇	陕西
18678	南华县红土坡镇	云南	18715	喜德县红莫镇	四川
18679	洋县黄金峡镇	陕西	18716	佛坪县陈家坝镇	陕西
18680	虎林市杨岗镇	黑龙江	18717	平顺县苗庄镇	山西
18681	柳河县红石镇	吉林	18718	黔江区黄溪镇	重庆
18682	九江市庐山区赛阳镇	江西	18719	商洛市商州区闫村镇	陕西
18683	石泉县曾溪镇	陕西	18720	庆安县平安镇	黑龙江
18684	杭锦后旗蒙海镇	内蒙古	18721	绥化市北林区三河镇	黑龙江
18685	勐腊县勐满镇	云南	18722	兴县蔡家会镇	山西
18686	阿拉善左旗温都尔勒图镇	内蒙古	18723	镇巴县小洋镇	陕西
18687	保亭黎族苗族自治县新政镇	海南	18724	留坝县马道镇	陕西
18688	岢岚县三井镇	山西	18725	凤县红花铺镇	陕西
18689	寿阳县尹灵芝镇	山西	18726	萝北县团结镇	黑龙江
18690	温宿县阿热力镇	新疆	18727	万宁市南桥镇	海南
18691	互助土族自治县加定镇	青海	18728	汉阴县双河口镇	陕西
18692	成县黄陈镇	甘肃	18729	志丹县金丁镇	陕西
18693	伽师县夏普吐勒镇	新疆	18730	鄂托克前旗昂素镇	内蒙古
18694	普安县龙吟镇	贵州	18731	五寨县小河头镇	山西
18695	石楼县小蒜镇	山西	18732	大兴安岭地区新林区宏图镇	黑龙江
18696	汉阴县双坪镇	陕西	18733	南华县马街镇	云南
18697	房县尹吉甫镇	湖北	18734	杭锦后旗头道桥镇	内蒙古
18698	渭源县北寨镇	甘肃	18735	岳普湖县艾西曼镇	新疆
18699	盈江县卡场镇	云南	18736	和顺县青城镇	山西
18700	乌拉特前旗新安镇	内蒙古	18737	渭源县路园镇	甘肃
18701	丰都县暨龙镇	重庆	18738	永寿县马坊镇	陕西
18702	勉县漆树坝镇	陕西	18739	盐源县树河镇	四川
18703	洋县溢水镇	陕西	18740	白城市洮北区到保镇	吉林
18704	保靖县野竹坪镇	湖南	18741	铜仁市碧江区云场坪镇	贵州
18705	洪江市江市镇	湖南	18742	儋州市和庆镇	海南

排名	镇域	省份(直辖市、自治区)	排名	镇域	省份(直辖市、自治区)
18743	通化县英额布镇	吉林	18780	延川县杨家圪台镇	陕西
18744	永寿县甘井镇	陕西	18781	乌苏市白杨沟镇	新疆
18745	永靖县岘塬镇	甘肃	18782	石林彝族自治县长湖镇	云南
18746	镇巴县三溪镇	陕西	18783	静宁县李店镇	甘肃
18747	吉木萨尔县北庭镇	新疆	18784	萝北县云山镇	黑龙江
18748	子长县马家砭镇	陕西	18785	安康市汉滨区叶坪镇	陕西
18749	商都县屯垦队镇	内蒙古	18786	阿勒泰市阿拉哈克镇	新疆
18750	陇川县陇把镇	云南	18787	扎鲁特旗阿日昆都楞镇	内蒙古
18751	巧家县小河镇	云南	18788	巧家县茂租镇	云南
18752	茂县南新镇	四川	18789	江油市雁门镇	四川
18753	新源县肖尔布拉克镇	新疆	18790	平武县平通镇	四川
18754	城口县高楠镇	重庆	18791	古县旧县镇	山西
18755	石柱土家族自治县桥头镇	重庆	18792	泸水县鲁掌镇	云南
18756	宝清县龙头镇	黑龙江	18793	汶川县三江镇	四川
18757	边坝县草卡镇	西藏	18794	宁陕县四亩地镇	陕西
18758	麟游县酒房镇	陕西	18795	黄陵县阿党镇	陕西
18759	喜德县两河口镇	四川	18796	南部县神坝镇	四川
18760	同江市乐业镇	黑龙江	18797	册亨县冗渡镇	贵州
18761	攀枝花市仁和区福田镇	四川	18798	保亭黎族苗族自治县响水镇	海南
18762	金阳县芦稿镇	四川	18799	宁陕县皇冠镇	陕西
18763	磴口县渡口镇	内蒙古	18800	九龙县烟袋镇	四川
18764	甘洛县海棠镇	四川	18801	大荔县埝桥镇	陕西
18765	宁南县葫芦口镇	四川	18802	彭水苗族土家族自治县平安镇	重庆
18766	吕梁市离石区吴城镇	山西	18803	山阳县石佛寺镇	陕西
18767	汉源县富泉镇	四川	18804	梨树县刘家馆子镇	吉林
18768	武乡县监漳镇	山西	18805	巴楚县三岔口镇	新疆
18769	甘洛县普昌镇	四川	18806	昌宁县翁堵镇	云南
18770	洮南市安定镇	吉林	18807	宁洱哈尼族彝族自治县同心镇	云南
18771	新民市周坨子镇	辽宁	18808	佛坪县西岔河镇	陕西
18772	九寨沟县双河镇	四川	18809	襄垣县王村镇	山西
18773	拜城县赛里木镇	新疆	18810	定边县郝滩镇	陕西
18774	镇巴县平安镇	陕西	18811	和静县巩乃斯镇	新疆
18775	彭州市红岩镇	四川	18812	府谷县哈镇	陕西
18776	清水县山门镇	甘肃	18813	勐腊县关累镇	云南
18777	夹江县华头镇	四川	18814	天祝藏族自治县天堂镇	甘肃
18778	杭锦后旗团结镇	内蒙古	18815	汶川县耿达镇	四川
18779	夏河县阿木去乎镇	甘肃	18816	湄潭县天城镇	贵州

排名	镇域	省份（直辖市、自治区）	排名	镇域	省份（直辖市、自治区）
18817	康乐县莲麓镇	甘肃	18854	夏河县王格尔塘镇	甘肃
18818	桐城市鲟鱼镇	安徽	18855	峨边彝族自治县黑竹沟镇	四川
18819	延长县郑庄镇	陕西	18856	小金县四姑娘山镇	四川
18820	沐川县大楠镇	四川	18857	汉阴县上七镇	陕西
18821	镇巴县青水镇	陕西	18858	沙雅县古勒巴格镇	新疆
18822	铜川市印台区高楼河镇	陕西	18859	仪陇县义路镇	四川
18823	吉县壶口镇	山西	18860	南江县光雾山镇	四川
18824	大足区国梁镇	重庆	18861	定日县岗嘎镇	西藏
18825	皮山县杜瓦镇	新疆	18862	宜川县阁楼镇	陕西
18826	麟游县招贤镇	陕西	18863	千阳县高崖镇	陕西
18827	康定县金汤镇	四川	18864	柞水县营盘镇	陕西
18828	留坝县武关驿镇	陕西	18865	府谷县武家庄镇	陕西
18829	茂县叠溪镇	四川	18866	阳城县横河镇	山西
18830	永靖县王台镇	甘肃	18867	永寿县渠子镇	陕西
18831	同江市临江镇	黑龙江	18868	会同县朗江镇	湖南
18832	洛浦县山普鲁镇	新疆	18869	都兰县夏日哈镇	青海
18833	昔阳县沾尚镇	山西	18870	克东县乾丰镇	黑龙江
18834	宜君县五里镇	陕西	18871	永寿县永太镇	陕西
18835	奇台县吉布库镇	新疆	18872	富县交道镇	陕西
18836	盐源县卫城镇	四川	18873	太白县黄柏塬镇	陕西
18837	延川县延水关镇	陕西	18874	富县吉子现镇	陕西
18838	同江市三村镇	黑龙江	18875	托克逊县库加依镇	新疆
18839	柞水县柴庄镇	陕西	18876	镇坪县小曙河镇	陕西
18840	甘洛县斯觉镇	四川	18877	泽州县柳树口镇	山西
18841	平山县蛟潭庄镇	河北	18878	巴彦县黑山镇	黑龙江
18842	大姚县三岔河镇	云南	18879	甘孜县玉田镇	四川
18843	大宁县曲峨镇	山西	18880	岚皋县横溪镇	陕西
18844	石柱土家族自治县黄鹤镇	重庆	18881	琼中黎族苗族自治县红毛镇	海南
18845	西乡县大河镇	陕西	18882	宁陕县新场镇	陕西
18846	商都县十八顷镇	内蒙古	18883	通榆县双岗镇	吉林
18847	个旧市蔓耗镇	云南	18884	岚县界河口镇	山西
18848	汶川县卧龙镇	四川	18885	宜川县集义镇	陕西
18849	苏尼特左旗查干敖包镇	内蒙古	18886	营山县西桥镇	四川
18850	中方县铁坡镇	湖南	18887	延川县关庄镇	陕西
18851	太白县王家坮镇	陕西	18888	柯坪县盖孜力克镇	新疆
18852	丹巴县巴底镇	四川	18889	镇巴县永乐镇	陕西
18853	绥棱县双岔河镇	黑龙江	18890	五原县天吉太镇	内蒙古

排名	镇域	省份（直辖市、自治区）	排名	镇域	省份（直辖市、自治区）
18891	阿鲁科尔沁旗扎嘎斯台镇	内蒙古	18928	金川县观音桥镇	四川
18892	饶河县五林洞镇	黑龙江	18929	寿阳县西洛镇	山西
18893	马尔康县松岗镇	四川	18930	黑水县卡龙镇	四川
18894	西乌珠穆沁旗高日罕镇	内蒙古	18931	宜川县秋林镇	陕西
18895	洋县黄家营镇	陕西	18932	镇巴县仁村镇	陕西
18896	柞水县丰北河镇	陕西	18933	若尔盖县唐克镇	四川
18897	五原县胜丰镇	内蒙古	18934	石楼县义牒镇	山西
18898	孟连傣族拉祜族佤族自治县芒信镇	云南	18935	西昌市安哈镇	四川
18899	延长县雷赤镇	陕西	18936	花垣县雅酉镇	湖南
18900	永和县桑壁镇	山西	18937	长武县枣元镇	陕西
18901	周至县厚畛子镇	陕西	18938	澜沧拉祜族自治县东回镇	云南
18902	佛坪县长角坝镇	陕西	18939	琼海市会山镇	海南
18903	黄龙县白马滩镇	陕西	18940	青冈县民政镇	黑龙江
18904	墨江哈尼族自治县新安镇	云南	18941	洋县茅坪镇	陕西
18905	富县牛武镇	陕西	18942	陵水黎族自治县隆广镇	海南
18906	定结县陈塘镇	西藏	18943	洋县长溪镇	陕西
18907	石渠县洛须镇	四川	18944	双柏县大麦地镇	云南
18908	神木县沙峁镇	陕西	18945	永寿县永平镇	陕西
18909	澄迈县仁兴镇	海南	18946	洋县八里关镇	陕西
18910	香格里拉县小中甸镇	云南	18947	琼中黎族苗族自治县长征镇	海南
18911	江油市河口镇	四川	18948	黄龙县瓦子街镇	陕西
18912	宁陕县丰富镇	陕西	18949	若尔盖县红星镇	四川
18913	昭平县文竹镇	广西	18950	洋县四郎镇	陕西
18914	两当县站儿巷镇	甘肃	18951	德格县阿须镇	四川
18915	西盟佤族自治县中课镇	云南	18952	镇巴县大池镇	陕西
18916	宁陕县金川镇	陕西	18953	西盟佤族自治县新厂镇	云南
18917	孟连傣族拉祜族佤族自治县富岩镇	云南	18954	宜川县壶口镇	陕西
18918	宁陕县梅子镇	陕西	18955	佛坪县石墩河镇	陕西
18919	府谷县木瓜镇	陕西	18956	溆浦县均坪镇	湖南
18920	中方县接龙镇	湖南	18957	马尔康县卓克基镇	四川
18921	尚义县三工地镇	河北	18958	和龙市崇善镇	吉林省
18922	洋县白石镇	陕西	18959	双鸭山市宝山区七星镇	黑龙江
18923	巧家县蒙姑镇	云南	18960	盈江县那邦镇	云南
18924	镇坪县华坪镇	陕西	18961	定结县日屋镇	西藏
18925	新巴尔虎右旗呼伦镇	内蒙古	18962	麟游县丈八镇	陕西
18926	定结县江嘎镇	西藏	18963	黄龙县界头庙镇	陕西
18927	石柱土家族自治县冷水镇	重庆	18964	留坝县留侯镇	陕西

排名	镇域	省份(直辖市、自治区)	排名	镇域	省份(直辖市、自治区)
18965	留坝县青桥驿镇	陕西	18968	吉木萨尔县泉子街镇	新疆
18966	佛坪县岳坝镇	陕西	18969	麟游县常丰镇	陕西
18967	佛坪县十亩地镇	陕西			

2. *板块和镇域尺度（以上海市 2014 年为例）

（1）研究方法

首先，结合层次分析法计算现实点房地产投资潜力排名；其次，加入城市规划、产业规划、新增配套、需求强度改变、土地供应量等因素后，利用层次分析法和特征价值法，计算未来 3~5 年房地产投资潜力排行；最后，针对上海土地规划进行热点分析，对形成的投资潜力模型排名的热点区域作专题研究，实证前面的相关结论。

（2）层次分析法

层次分析法是指将与决策总是有关的元素分解成目标、准则、方案等层次，在此基础之上进行定性和定量分析的决策方法。该方法是美国运筹学家匹茨堡大学教授萨蒂于 20 世纪 70 年代初，在为美国国防部研究"根据各个工业部门对国家福利的贡献大小而进行电力分配"课题时，应用网络系统理论和多目标综合评价方法，提出的一种层次权重决策分析方法。

层次分析法是将决策问题按总目标、各层子目标、评价准则直至具体的备投方案的顺序分解为不同的层次结构，然后用求解判断矩阵特征向量的办法，求得每一层次的各元素对上一层次某元素的优先权重，最后再加权和的方法递阶归并各备选方案对总目标的最终权重，此最终权重最大者即为最优方案（图 6-1）。

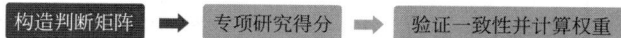

构造判断矩阵 ➡ 专项研究得分 ➡ 验证一致性并计算权重

图 6-1 层次分析法

专项研究得分 　　　　　　　　　　　　　　　表 6-12

板块	板块宏观	板块配套	板块发展	板块潜在
板块宏观	—			
板块配套		—		
板块发展			—	
板块潜在				—

评判标准   表 6-13

标度值	含义
1	表示因素 a 与 b 比较,具有同等地重要性
3	表示因素 a 与 b 比较,a 比 b 稍微地重要
5	表示因素 a 与 b 比较,比 b 明显地重要
7	表示因素 a 与 b 比较,a 比 b 强烈地重要
9	表示因素 a 与 b 比较,a 比 b 极端地重要
2,4,6,8	2,4,6,8 分别表示相邻判断 1~3、3~5、5~7、7~9 的中值
倒数	表示因素 a 与 b 比较得判断 a,则 a 与 b 比较得判断 a=1/b

①层次分析法:

根据专项研究得分表判断矩阵: $T = \begin{pmatrix} u_{11} & \cdots & u_{1m} \\ \vdots & \ddots & \vdots \\ u_{m1} & \cdots & u_{mm} \end{pmatrix}$

一般情况下,阶数越高,可以采用近似解法,具体步骤如下:

第一步:计算判断矩阵每一行元素的乘积 W_i,

$$W_i = \prod_{j=1}^{m} u_{ij}, \ (i, j=1, 2, \cdots, m)$$

第二步:计算 W_i 的 m 次方根 $\overline{W_i} = \sqrt[m]{W_i}$,

第三步:对向量 $\overline{W_i} = (\overline{W_1}, \overline{W_2}, \cdots, \overline{W_m})$ 作归一化或正规化处量,即:

$$a_i = W_i / \left(\sum_{j=1}^{m} \overline{W_j} \right)$$

则,$A = (a_1, a_2, \cdots, a_m)^T$ 即为所求特征向量。

②一致性检验

检验成对比较矩阵 A 一致性的步骤如下:计算衡量一个成对比矩阵 A($n>1$ 阶方阵)不一致程度的指标 CI:

$$CI = \frac{\lambda_{max}(A) - n}{n-1}$$

RI 是这样得到的:对于固定的 n,随机构造成对比较阵 A,其中 aij 是从 1,2,$\cdots$,9,1/2,1/3,$\cdots$,1/9 中随机抽取的,这样的 A 是不一致的,取充分大的子样得到 A 的最大特征值的平均值。

n 与 RI 数值   表 6-14

n	1	2	3	4	5	6	7	8	9
RI	0	0	0.58	0.90	1.12	1.24	1.32	1.41	1.45

③特征价格模型介绍

众所周知，住宅价格与所处的区位息息相关。本书采用特征价格模型来分析区位因素对于住宅价格的影响。

特征价格法是国际上研究影响住宅价格微观因素的最主流方法，应用于产业和房地产研究已经有30余年，业内研究已十分成熟。在英国、德国、挪威、瑞典、芬兰等国家官方统计部门都采用特征价格模型来构建房地产（或其他非均质商品如汽车）的均质价格指数。美国主要的按揭贷款公司也纷纷采用特征价格法来构建他们自己的住宅价格指数。

本书首先介绍了区位重要性的理论和相关研究成果；其次对研究所采用的数据来源以及模型所采用的变量进行了定义和说明；在以上两个方面的基础上，对于特征价格法的思想和所采用模型做了说明；最后解释了运用特征价格模型所得到的主要发现和结论。

④变量描述

A. 距市中心距离：选取"人民广场、五角场、徐家汇、陆家嘴、中山公园"作为上海市商业中心的典型代表，通过测量各板块中心到5个商业中心的空间距离的加和平均值，作为各个板块距市中心距离的指数值。

B. 轨交房指数：选取"中国房地产数据研究院"研制开发的中国城市房地产指数系统特征物业指数——轨交房指数。轨交房界定标准为：距离上海的地铁轨交线站点1公里以内的住宅类小区，以500米为最佳距离，按照V型函数计算距离得分。

C. 学区房指数：学区房的数据与轨交房的数据来源相同。其中，学区房的界定标准为：距离上海的重点中、小、幼学校1公里以内的住宅类小区。

D. 景观房指数：数据来源同轨交房指数。景观房界定标准为：距离上海的景观点1公里以内的住宅类小区，其中，景观包括公园、绿地、故居、植物园、湿地、水岸等。

⑤特征价格模型和回归方程

特征价格理论的基本思想是，住宅价格的内涵是通过土地所具有各方面特征所提供的服务而获得效用，效用的大小主要取决土地所包含特征要素的数量，即住宅价格是各个特征要素的函数。

一般认为，住宅价格特征要素主要分为空间可达性特征、景观特征以及文化特征，用函数形式可表达为：

$$P = f\,(X_1, \cdots X_i, Y_1, \cdots Y_m, Z_1, \cdots Z_n, u)$$

其中，P 为住宅价格，X_i 是土地的空间可达性特征，Y_m 是土地景观特征，Z_n 是土地的文化特征，u 表示影响住宅价格的其他因子，f 为具体的函数形式。

⑥实证结果和讨论

本部分采用普通最小二乘法来进行计算，所使用的计量软件为Eviews6.0。并对一手房成交均价、一手房指数、轨交房指数、学区房指数、景观房指数、二手房指数进行对数化处理，记为：ln（first_ house_ p）、ln（first_ i）、ln（rail_ i）、ln（school_ i）、ln（sight_ i）、ln（second_ i）；其中距离数据，记为：distance。具体结果见表6-15。

房地产特征价格模型回归方程　　　　　　　　　　**表 6-15**

自变量	ln(first_house_p)	rail_i	school_i	sight_i	first_i
因变量	distance	first_i	first_i	first_i	second_i
常数	10. 5031	—	—	—	—
系数	-0. 0259	1. 1924	1. 2336	1. 1106	1. 1308
t—值	-8. 3509	133. 9794	235. 6423	136. 0177	106. 2682
可决系数	0. 5138	0. 9080	0. 9771	0. 914392	0. 9933

通过表6-15的实证研究结果，可得如下基本结论：

A. 距市中心的距离对板块一手房成交均价有显著影响，验证了经典Alonso模型在上海的实际应用。从表2.1-15可以看出，近郊区和远郊区的房屋板块到市中心的距离每增加1公里，板块内一手房成交均价将减少2.59%。

B. 轨交房指数是同期上海一手房指数的1.1924倍，这与相关的研究结果相符。同时，我们对上海市近郊和远郊板块的房价、距市中心距离、地铁通车性（记为ditie，数据处理情况为地铁已通车设虚拟变量为1、未通车设为0），做回归来验证轨道交通通车会引起所处板块内土地增值情况。从方程可以得出，轨道交通通车可以使房屋价格增值22.27%。

C. 学区房指数为一手房指数的1.2336倍。产生这种状况的原因是因为，在我国学区房是房地产市场的衍生品，同时也是现行教育体制下的一个独特的现象。家长对于孩子教育的重视以及国内目前教育资源不均衡的现状造成了学区房的价格高于同等条件下其他住宅的价格的现象。

D. 而景观房指数为一手房指数的1.1106倍，这是因为随着人民生活水平的提高对于住宅的环境配套需求也随之上升；通过我们的实证结果一手房指数同期为二手房指数的1.1308倍，也表明了由于建筑物本身的折旧因素会对房屋带来影响。

（3）上海市板块的划定

上海市一共117个板块，其中中心城区49个，郊区68个，具体板块名称见表6-16。

区域	板块	区域	板块
闵行区	莘庄板块	宝山区	东城板块
	浦江镇板块		共富、共康板块
	大古美、梅陇板块		大华板块
	金虹桥板块		西城板块
	华漕板块		月浦板块
	颛桥板块		罗店板块
	七宝板块		顾村板块
	马桥板块		淞南板块
浦东新区	江川紫竹板块	嘉定区	南翔板块
	大三林(三林、杨思、六里)板块		江桥板块
	金桥板块		嘉定新城板块
	川沙板块		西北区板块
	曹路板块	松江区	九亭板块
	高桥、高行板块		松江新城板块
	张江板块		泗泾板块
	周康板块		佘山板块
	航头板块		新桥板块
	惠南板块		洞泾板块
	新场板块	奉贤区	海湾板块
	临港新城板块		南桥板块
	祝桥板块		金汇板块
	六灶板块		奉城板块
	书院板块		柘林板块
普陀区	真如、曹杨板块	金山区	金山新城板块
	长风板块		朱泾镇板块
	长征板块		枫泾镇板块
	桃浦板块		亭林镇街道
青浦区	赵巷板块		张堰镇板块
	徐泾板块		漕泾镇板块
	华新镇板块		吕巷镇板块
	青浦镇板块	崇明县	城桥镇板块
	重固镇板块		堡镇板块
	白鹤镇板块		陈家镇板块
	朱家角板块		长兴岛板块

研究镇域的划定

上海市共有 110 个镇域、99 个街道和 4 个工业园区，共计 213 个。其中郊区共 136 个。表 6-17 显示了镇域街道名称及板块镇域的对应关系。

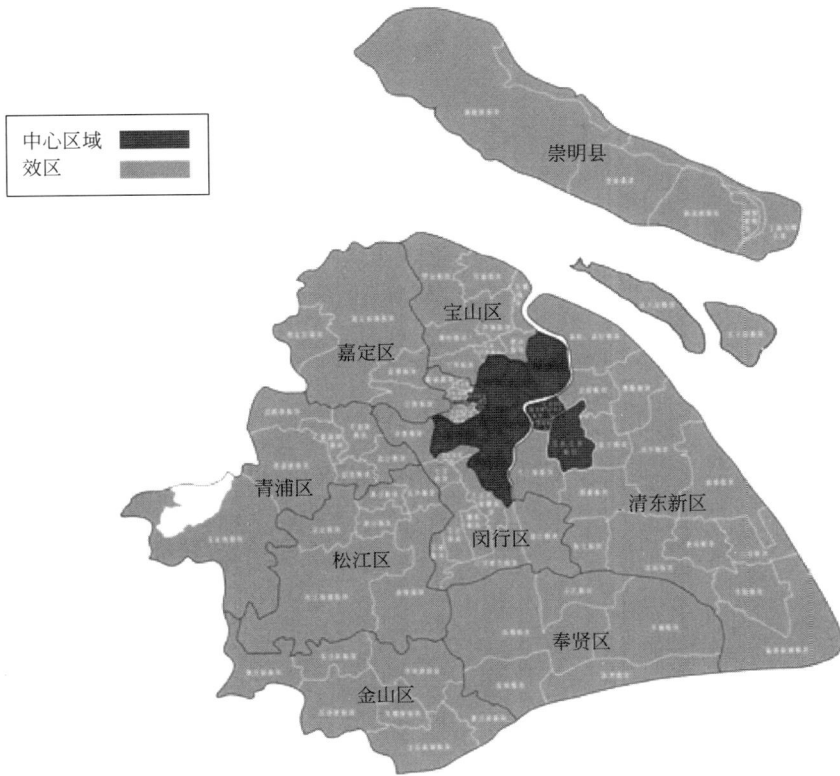

图 6-2　上海市中心城区和郊区板块示意图

板块镇域与街道名称　　　　　　　　　　　　　　　　表 6-17

区域	板块	镇域	区域	板块	镇域
闵行区	莘庄板块	莘庄工业区	宝山区	东城板块	宝山城市工业园区
		莘庄镇			友谊路街道
	金虹桥板块	新虹街道			吴淞街道
		虹桥镇		罗店板块	罗店镇
	大古美、梅陇板块	古美路街道			罗泾镇
		梅陇镇		共富、共康板块	张庙街道
	浦江镇板块	浦江镇			庙行镇
	华漕板块	华漕镇		大华板块	大场镇
	颛桥板块	颛桥镇		西城板块	杨行镇
	七宝板块	七宝镇		月浦板块	月浦镇
	马桥板块	马桥镇		顾村板块	顾村镇
	江川紫竹板块	江川路街道		淞南板块	高境镇
		吴泾镇			淞南镇

区域	板块	镇域	区域	板块	镇域
嘉定区	江桥板块	真新街道	松江区	佘山板块	佘山镇
		江桥镇		新桥板块	车墩镇
	南翔板块	南翔镇			新桥镇
	嘉定新城板块	嘉定镇街道(区政府驻)			叶榭镇
		新成路街道		洞泾板块	洞泾镇
		菊园新区	浦东新区	大三林板块 (三林、杨思、六里)	周家渡街道
		安亭镇			上钢新村街道
		马陆镇			南码头路街道
		徐行镇			东明路街道
		华亭镇			三林镇
		嘉定工业区		金桥板块	沪东新村街道
	西北区板块	外冈镇			金杨新村街道
普陀区	真如、曹杨板块	曹杨新村街道			浦兴路街道
		真如镇			金桥镇
	长风板块	长风新村街道		川沙板块	川沙新镇
	长征板块	长征镇			合庆镇
	桃浦板块	桃浦镇		曹路板块	唐镇
青浦区	赵巷板块	赵巷镇			曹路镇
	徐泾板块	徐泾镇		高桥、高行板块	高桥镇
	华新镇板块	华新镇			高行镇
	青浦镇板块	盈浦街道			高东镇
		夏阳街道		张江板块	张江镇
		香花桥街道		周康板块	康桥镇
	重固镇板块	重固镇			周浦镇
	白鹤镇板块	白鹤镇		航头板块	航头镇
	朱家角板块	朱家角镇		惠南板块	惠南镇
		练塘镇		新场板块	新场镇
		金泽镇			宣桥镇
松江区	九亭板块	九亭镇			大团镇
	泗泾板块	泗泾镇		临港新城板块	泥城镇
	松江新城板块	泖港镇			南汇新城镇
		石湖荡镇		祝桥板块	祝桥镇
		新浜镇		六灶板块	老港镇
		小昆山镇		书院板块	书院镇
		岳阳街道			万祥镇
		永丰街道	奉贤区	南桥板块	南桥镇
		方松街道			庄行镇
		中山街道			

区域	板块	镇域	区域	板块	镇域
奉贤区	南桥板块	青村镇	崇明县	城桥镇板块	城桥镇
	海湾板块	海湾镇			新河镇
	金汇板块	金汇镇			庙镇
	奉城板块	四团镇			三星镇
		奉城镇			新村乡
	柘林板块	柘林镇			绿华镇
金山区	朱泾镇板块	朱泾镇			港西镇
	金山新城板块	石化街道			建设镇
		金山卫镇			新海镇
		山阳镇			东平镇
	枫泾镇板块	枫泾镇		堡镇板块	堡镇
	亭林镇街道	亭林镇			竖新镇
		金山工业区			港沿镇
	张堰镇板块	张堰镇		陈家镇板块	向化镇
	漕泾镇板块	漕泾镇			中兴镇
	吕巷镇板块	廊下镇			陈家镇
		吕巷镇		长兴岛板块	长兴镇
					横沙乡

现实点房地产投资价值指标体系构建　　　　　　　　　　表 6-18

一级指标	二级指标	三级指标
板块宏观因子 (0.0969)	经济环境(0.1095)	区 GDP 复合增长率(0.1229)
		区地均固定资产投资(0.1531)
		区地均财政收入(0.2959)
		区地均房地产投资(0.2375)
		区地均消费品零售总额(0.1907)
	产业规模(0.3090)	区第二产业复合增长率(0.5)
		区第三产业复合增长率(0.5)
	区位作用(0.5816)	地段
板块配套因子 (0.1820)	交通通达性(0.4286)	地铁站点(0.6483)
		公交条数(0.2297)
		快速干道(0.122)
	商业设施(0.1429)	区级综合商业(0.75)
		大型超市卖场(0.25)
	教育文化(0.1429)	中小学(0.6)
		大学(0.2)
		文化类场馆(0.2)

一级指标	二级指标	三级指标
板块配套因子（0.1820）	医疗设施（0.1429）	二级以上医院（0.75）
		社区医院（0.25）
	公园绿地（0.5）	
	景观休闲（0.1429）	运动设施（0.5）
板块发展因子（0.2863）	市场规模（0.1364）	一手房销售面积（0.8333）
		一手房供应面积（0.1667）
	价格表现（0.4091）	一手房均价（0.75）
		二手房均价（0.25）
	供求对比（0.4091）	销供比
	竞争环境（0.0455）	品牌企业数量
板块潜在因子（0.4368）	板块能级（0.2234）	板块定位能级
	潜在需求（0.1625）	区常住人口复合增长率（0.2）
		近三年土地供应量/近三年去化量（0.2）
		需求强度（0.6）
	成长速度（0.1266）	销售面积复合增长率（0.5）
		销售价格复合增长率（0.5）
	盈利空间（0.4874）	房价地价比（0.6586）
		房价租金比（0.1562）
		房价与同环线比（0.1852）

现实点板块投资潜力排名（全市型）　　　　　表6-19

区域	板块	得分	区域	板块	得分
浦东新区	大三林（三林、杨思、六里）板块	8.41	闵行区	华漕板块	6.17
普陀区	长风板块	7.92	闵行区	江川紫竹板块	5.98
闵行区	颛桥板块	7.84	浦东新区	祝桥板块	5.79
松江区	佘山板块	7.54	宝山区	罗店板块	5.48
宝山区	大华板块	7.34	松江区	洞泾板块	4.75
嘉定区	嘉定新城板块	7.26	普陀区	真如、曹杨板块	8
闵行区	七宝板块	7.19	闵行区	大古美、梅陇板块	7.86
普陀区	长征板块	7.04	闵行区	马桥板块	7.82
浦东新区	金桥板块	6.88	浦东新区	周康板块	7.37
嘉定区	南翔板块	6.8	浦东新区	川沙板块	7.27
普陀区	桃浦板块	6.6	浦东新区	张江板块	7.24
宝山区	顾村板块	6.52	浦东新区	高桥、高行板块	7.15
青浦区	徐泾板块	6.46	宝山区	东城板块	6.88
宝山区	淞南板块	6.35	闵行区	金虹桥板块	6.8
松江区	新桥板块	6.21	宝山区	月浦板块	6.72

区域	板块	得分	区域	板块	得分
宝山区	共富、共康板块	6.56	宝山区	西城板块	6.02
闵行区	浦江镇板块	6.5	松江区	九亭板块	5.95
闵行区	莘庄板块	6.36	嘉定区	江桥板块	5.75
松江区	松江新城板块	6.29	松江区	泗泾板块	5.47
浦东新区	曹路板块	6.2			

现实点板块投资潜力排名（区域型） 表 6-20

区域	板块	得分	区域	板块	得分
青浦区	青浦镇板块	6.99	浦东新区	新场板块	4.96
青浦区	华新镇板块	6.09	奉贤区	海湾板块	4.87
青浦区	朱家角板块	5.88	奉贤区	金汇板块	4.37
浦东新区	航头板块	5.75	嘉定区	西北区板块	4.24
金山区	金山新城板块	5.37	金山区	亭林镇街道	3.94
奉贤区	南桥板块	5.28	青浦区	白鹤镇板块	3.59
崇明县	陈家镇板块	5.17	金山区	枫泾镇板块	3.53
青浦区	重固镇板块	5.09	奉贤区	柘林板块	2.62
青浦区	赵巷板块	5.05	金山区	漕泾镇板块	1.49

现实点板块投资潜力排名（内生型） 表 6-21

区域	板块	得分	区域	板块	得分
崇明县	城桥镇板块	4.33	崇明县	长兴岛板块	2.65
浦东新区	临港新城板块	3.80	浦东新区	六灶板块	1.59
金山区	朱泾镇板块	3.77	金山区	吕巷镇板块	1.46
奉贤区	奉城板块	3.00	浦东新区	书院板块	1.42
崇明县	堡镇板块	2.73	金山区	张堰镇板块	1.35

现实点镇域投资潜力排名（全市型） 表 6-22

区域	板块	镇域	得分	区域	板块	镇域	得分
浦东新区	大三林（三林、杨思、六里）板块	三林镇	8.32	闵行区	马桥板块	马桥镇	7.70
浦东新区	大三林（三林、杨思、六里）板块	周家渡街道	8.22	浦东新区	川沙板块	川沙新镇	7.55
普陀区	真如、曹杨板块	真如镇	8.04	浦东新区	大三林（三林、杨思、六里）板块	南码头路街道	7.41
闵行区	大古美、梅陇板块	古美路街道	7.93	闵行区	七宝板块	七宝镇	7.34
				浦东新区	周康板块	康桥镇	7.29
闵行区	大古美、梅陇板块	梅陇镇	7.80	普陀区	长征板块	长征镇	7.22

区域	板块	镇域	得分	区域	板块	镇域	得分
嘉定区	嘉定新城板块	马陆镇	7.17	松江区	佘山板块	佘山镇	7.97
				闵行区	颛桥板块	颛桥镇	7.89
浦东新区	高桥、高行板块	高桥镇	7.1	浦东新区	大三林（三林、杨思、六里）板块	上钢新村街道	7.73
闵行区	浦江镇板块	浦江镇	6.94	宝山区	大华板块	大场镇	7.68
浦东新区	高桥、高行板块	高东镇	6.89	浦东新区	张江板块	张江镇	7.44
嘉定区	南翔板块	南翔镇	6.83	浦东新区	大三林（三林、杨思、六里）板块	东明路街道	7.35
普陀区	桃浦板块	桃浦镇	6.81	浦东新区	周康板块	周浦镇	7.30
				嘉定区	嘉定新城板块	安亭镇	7.23
宝山区	月浦板块	月浦镇	6.76	嘉定区	嘉定新城板块	嘉定镇街道（区政府驻）	7.18
浦东新区	金桥板块	沪东新村街道	6.71	浦东新区	高桥、高行板块	高行镇	7.15
闵行区	莘庄板块	莘庄镇	6.66	嘉定区	嘉定新城板块	嘉定工业区	7.05
宝山区	顾村板块	顾村镇	6.61				
浦东新区	金桥板块	金桥镇	6.51	闵行区	金虹板块	虹桥镇	6.9
闵行区	华漕板块	华漕镇	6.51	宝山区	东城板块	友谊路街道	6.84
青浦区	徐泾板块	徐泾镇	6.49				
宝山区	松南板块	淞南镇	6.38	闵行区	金虹板块	新虹街道	6.81
浦东新区	曹路板块	唐镇	6.35				
宝山区	西城板块	杨行镇	6.28	宝山区	共富、共康板块	张庙街道	6.81
松江区	九亭板块	九亭镇	6.12				
闵行区	莘庄板块	莘庄工业区	5.96	宝山区	东城板块	吴淞街道	6.73
闵行区	江川紫竹板块	江川路街道	5.89	浦东新区	金桥板块	浦兴路街道	6.71
闵行区	江川紫竹板块	吴泾镇	5.8	浦东新区	金桥板块	金杨新村街道	6.64
宝山区	罗店板块	罗店镇	5.69	宝山区	东城板块	宝山城市工业园区	6.59
普陀区	真如、曹杨板块	曹杨新村街道	8.22	松江区	松江新城板块	岳阳街道	6.51
普陀区	长风板块	长风新村街道	8.21	松江区	松江新城板块	中山街道	6.5

区域	板块	镇域	得分	区域	板块	镇域	得分
松江区	松江新城板块	永丰街道	6.42	松江区	泗泾板块	泗泾镇	5.89
宝山区	松南板块	高境镇	6.37	嘉定区	江桥板块	江桥镇	5.83
宝山区	共富、共康板块	庙行镇	6.3	嘉定区	江桥板块	真新街道	5.75
浦东新区	祝桥板块	祝桥镇	6.13	松江区	洞泾板块	洞泾镇	5.01
浦东新区	曹路板块	曹路镇	5.97				

现实点镇域投资潜力排名　　　　　　　　表 6-23

区域	板块	镇域	得分	区域	板块	镇域	得分
青浦区	青浦镇板块	夏阳街道	6.97	青浦区	青浦镇板块	香花桥街道	6.96
青浦区	青浦镇板块	盈浦街道	6.95	嘉定区	嘉定新城板块	菊园新区	6.57
嘉定区	嘉定新城板块	新成路街道	6.56	嘉定区	嘉定新城板块	徐行镇	6.47
浦东新区	川沙板块	合庆镇	6.38	青浦区	华新镇板块	华新镇	6.16
青浦区	朱家角板块	朱家角镇	6.02	青浦区	朱家角板块	金泽镇	5.99
松江区	新桥板块	新桥镇	5.95	松江区	新桥板块	叶榭镇	5.94
松江区	松江新城板块	石湖荡镇	5.93	松江区	新桥板块	车墩镇	5.93
松江区	松江新城板块	泖港镇	5.91	松江区	松江新城板块	小昆山镇	5.86
浦东新区	航头板块	航头镇	5.81	松江区	松江新城板块	方松街道	5.79
奉贤区	南桥板块	南桥镇	5.52	奉贤区	南桥板块	青村镇	5.43
金山区	金山新城板块	山阳镇	5.22	青浦区	重固镇板块	重固镇	5.17
崇明县	陈家镇板块	向化镇	5.17	崇明县	陈家镇板块	中兴镇	5.17
青浦区	赵巷板块	赵巷镇	5.11	奉贤区	南桥板块	庄行镇	5.11
崇明县	陈家镇板块	陈家镇	5.06	浦东新区	新场板块	新场镇	4.99
浦东新区	新场板块	宣桥镇	4.99	奉贤区	海湾板块	海湾镇	4.99
宝山区	罗店板块	罗泾镇	4.94	奉贤区	金汇板块	金汇镇	4.39
嘉定区	西北区板块	外冈镇	4.38	金山区	亭林镇街道	亭林镇	3.88
金山区	亭林镇街道	金山工业区	3.77	青浦区	白鹤镇板块	白鹤镇	3.76
金山区	枫泾镇板块	枫泾镇	3.63	奉贤区	奉城板块	奉城镇	3.02
奉贤区	柘林板块	柘林镇	2.85	崇明县	长兴岛板块	长兴镇	2.57
金山区	漕泾镇板块	漕泾镇	1.51				

现实点镇域投资潜力排名（内生型）　　　　　　表 6-24

区域	板块	镇域	得分	区域	板块	镇域	得分
嘉定区	嘉定新城板块	华亭镇	6.35	浦东新区	惠南板块	惠南镇	4.78
松江区	松江新城板块	新浜镇	5.72	浦东新区	临港新城板块	南汇新城镇	4.19
金山区	金山新城板块	金山卫镇	5.12	崇明县	城桥镇板块	东平镇	4.09

区域	板块	镇域	得分	区域	板块	镇域	得分
崇明县	城桥镇板块	新村乡	3.97	崇明县	城桥镇板块	新海镇	4.2
崇明县	城桥镇板块	庙镇	3.93	浦东新区	临港新城板块	泥城镇	4.13
崇明县	城桥镇板块	三星镇	3.93	崇明县	城桥镇板块	城桥镇	4.09
崇明县	城桥镇板块	港西镇	3.80	崇明县	城桥镇板块	新河镇	3.95
奉贤区	奉城板块	四团镇	2.97	崇明县	城桥镇板块	绿华镇	3.93
崇明县	堡镇板块	竖新镇	2.29	崇明县	城桥镇板块	建设镇	3.88
崇明县	堡镇板块	堡镇	2.16	金山区	朱泾镇板块	朱泾镇	3.45
浦东新区	书院板块	书院镇	1.7	崇明县	堡镇板块	港沿镇	2.32
金山区	吕巷镇板块	廊下镇	1.6	崇明县	长兴岛板块	横沙乡	2.26
金山区	张堰镇板块	张堰镇	1.43	浦东新区	六灶板块	老港镇	1.87
青浦区	朱家角板块	练塘镇	5.85	浦东新区	书院板块	万祥镇	1.69
金山区	金山新城板块	石化街道	5.17	金山区	吕巷镇板块	吕巷镇	1.59
浦东新区	新场板块	大团镇	4.9				

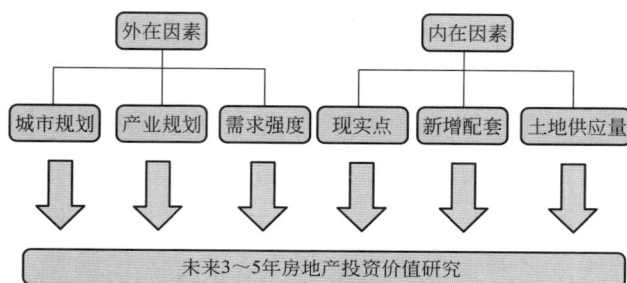

图 6-3　未来 3~5 年房地产投资价值指标体系构建

　　基于上述指标体系，利用层次分析法计算权重，专项研究得分表及权重结果见表 6-25：

专项研究得分　　　　　　　　　　　　　　　　　　表 6-25

未来板块	现实点	城市规划	需求强度	新增配套	产业规划	土地供应量
现实点	1.00	2.00	3.00	9.00	7.00	5.00
城市规划	0.50	1.00	2.00	9.00	5.00	3.00
需求强度	0.33	0.50	1.00	5.00	3.00	2.00
新增配套	0.11	0.11	0.20	1.00	0.33	0.20
产业规划	0.14	0.20	0.33	3.00	1.00	0.33
土地供应量	0.20	0.33	0.50	5.00	3.00	1.00
权重	0.4076	0.2575	0.1493	0.0276	0.0536	0.1045

区域	板块	得分	需求类型	区域	板块	得分	需求类型
浦东新区	大三林(三林、杨思、六里)板块	7.36	全市型	浦东新区	周康板块	5.84	全市型
嘉定区	嘉定新城板块	5.57	全市型	浦东新区	张江板块	5.52	全市型
浦东新区	川沙板块	5.16	全市型	浦东新区	高桥、高行板块	5.12	全市型
普陀区	真如、曹杨板块	4.83	全市型	普陀区	长风板块	4.81	全市型
闵行区	大古美、梅陇板块	4.71	全市型	闵行区	颛桥板块	4.66	全市型
普陀区	桃浦板块	4.62	全市型	浦东新区	金桥板块	4.61	全市型
浦东新区	临港新城板块	4.59	全市型	闵行区	马桥板块	4.59	全市型
宝山区	大华板块	4.55	全市型	青浦区	青浦镇板块	4.54	区域型
闵行区	华漕板块	4.51	全市型	闵行区	七宝板块	4.5	全市型
浦东新区	航头板块	4.48	全市型	松江区	佘山板块	4.47	全市型
闵行区	金虹桥板块	4.4	全市型	青浦区	徐泾板块	4.39	全市型
宝山区	月浦板块	4.34	全市型	普陀区	长征板块	4.32	全市型
闵行区	浦江镇板块	4.32	全市型	嘉定区	南翔板块	4.26	全市型
浦东新区	惠南板块	4.23	全市型	宝山区	东城板块	4.15	全市型
浦东新区	曹路板块	4.13	全市型	宝山区	顾村板块	4.08	全市型
浦东新区	新场板块	4.03	全市型	浦东新区	祝桥板块	3.98	全市型
松江区	松江新城板块	3.97	全市型	宝山区	共富、共康板块	3.92	全市型
松江区	九亭板块	3.89	全市型	宝山区	淞南板块	3.88	全市型
青浦区	华新镇板块	3.88	区域型	闵行区	莘庄板块	3.85	全市型
宝山区	西城板块	3.85	全市型	松江区	新桥板块	3.82	全市型
嘉定区	江桥板块	3.76	全市型	闵行区	江川紫竹板块	3.74	全市型
金山区	金山新城板块	3.71	区域型	宝山区	罗店板块	3.71	全市型
青浦区	朱家角板块	3.58	区域型	松江区	泗泾板块	3.48	全市型
奉贤区	海湾板块	3.43	区域型	奉贤区	南桥板块	3.42	区域型
青浦区	赵巷板块	3.33	区域型	青浦区	重固镇板块	3.17	区域型
崇明县	陈家镇板块	3.12	区域型	松江区	洞泾板块	3	全市型
嘉定区	西北区板块	2.73	区域型	浦东新区	书院板块	2.73	全市型
奉贤区	金汇板块	2.72	区域型	金山区	亭林镇街道	2.59	区域型
崇明县	城桥镇板块	2.46	内生型	金山区	枫泾镇板块	2.42	区域型
金山区	朱泾镇板块	2.34	内生型	青浦区	白鹤镇板块	2.32	区域型
奉贤区	柘林板块	2.08	区域型	奉贤区	奉城板块	1.82	内生型
崇明县	堡镇板块	1.8	内生型	崇明县	长兴岛板块	1.65	内生型
金山区	漕泾镇板块	1.36	区域型	浦东新区	六灶板块	1.29	内生型
金山区	张堰镇板块	1.26	内生型	金山区	吕巷镇板块	1.24	内生型

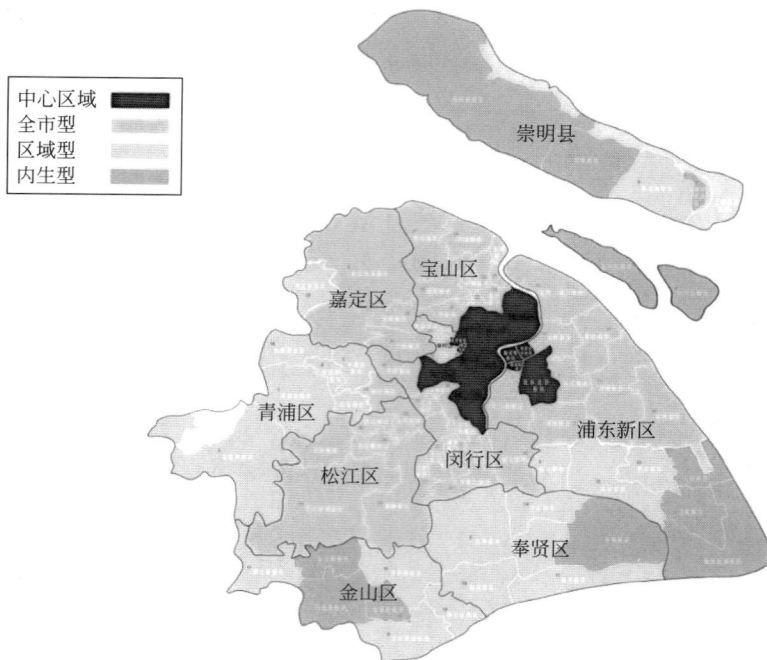

图 6-4　上海郊区板块现实点投资潜力排名示意图

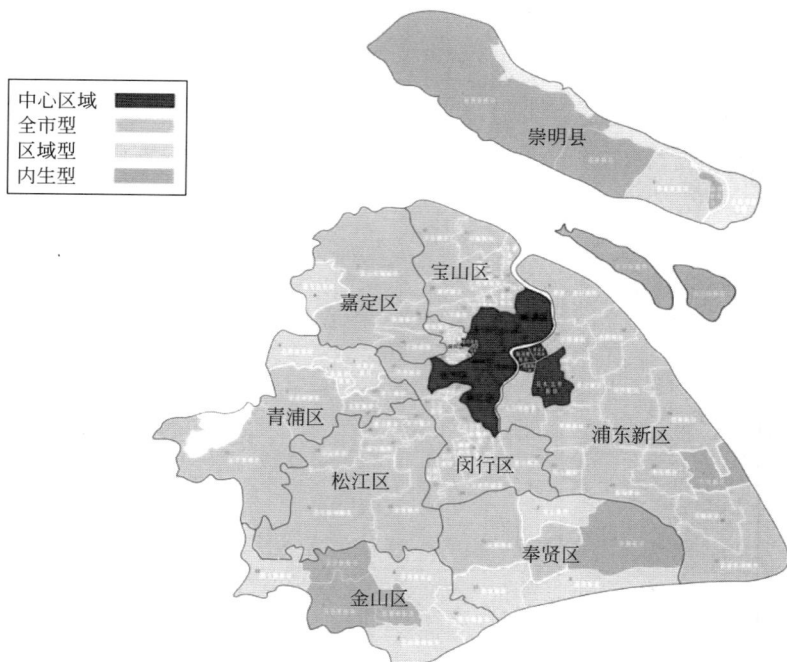

图 6-5　上海郊区板块未来 3~5 年投资潜力排名示意图

城市大格局下的中国房地产企业投资选择

未来 3~5 年和现实点板块投资潜力排名对比　　　　　　　表 6-27

区域	板块	现实点排名	现实点需求类型	未来 3~5 年排名	未来 3~5 年需求类型
浦东新区	大三林(三林、杨思、六里)板块	1	全市型	1	全市型
浦东新区	周康板块	8	全市型	2	全市型
嘉定区	嘉定新城板块	11	全市型	3	全市型
浦东新区	张江板块	12	全市型	4	全市型
浦东新区	川沙板块	10	全市型	5	全市型
浦东新区	高桥、高行板块	14	全市型	6	全市型
普陀区	真如、曹杨板块	2	全市型	7	全市型
普陀区	长风板块	3	全市型	8	全市型
闵行区	大古美、梅陇板块	4	全市型	9	全市型
闵行区	颛桥板块	5	全市型	10	全市型
普陀区	桃浦板块	22	全市型	11	全市型
浦东新区	金桥板块	18	全市型	12	全市型
浦东新区	临港新城板块	56	内生型	13	全市型
闵行区	马桥板块	6	全市型	14	全市型
宝山区	大华板块	9	全市型	15	全市型
青浦区	青浦镇板块	16	区域型	16	区域型
闵行区	华漕板块	32	全市型	17	全市型
闵行区	七宝板块	13	全市型	18	全市型
浦东新区	航头板块	39	区域型	19	全市型
松江区	佘山板块	7	全市型	20	全市型
闵行区	金虹桥板块	19	全市型	21	全市型
青浦区	徐泾板块	26	全市型	22	全市型
宝山区	月浦板块	21	全市型	23	全市型
普陀区	长征板块	15	全市型	24	全市型
闵行区	浦江镇板块	25	全市型	25	全市型
嘉定区	南翔板块	20	全市型	26	全市型
浦东新区	惠南板块	51	内生型	27	全市型
宝山区	东城板块	17	全市型	28	全市型
浦东新区	曹路板块	31	全市型	29	全市型
宝山区	顾村板块	24	全市型	30	全市型
浦东新区	新场板块	48	区域型	31	全市型
浦东新区	祝桥板块	38	全市型	32	全市型
松江区	松江新城板块	29	全市型	33	全市型
宝山区	共富、共康板块	23	全市型	34	全市型
松江区	九亭板块	36	全市型	35	全市型
宝山区	淞南板块	28	全市型	36	全市型

区域	板块	现实点排名	现实点需求类型	未来3~5年排名	未来3~5年需求类型
青浦区	华新镇板块	33	区域型	37	区域型
闵行区	莘庄板块	27	全市型	38	全市型
宝山区	西城板块	34	全市型	39	全市型
松江区	新桥板块	30	全市型	40	全市型
嘉定区	江桥板块	40	全市型	41	全市型
闵行区	江川紫竹板块	35	全市型	42	全市型
金山区	金山新城板块	43	区域型	43	区域型
宝山区	罗店板块	41	全市型	44	全市型
青浦区	朱家角板块	37	区域型	45	区域型
松江区	泗泾板块	42	全市型	46	全市型
奉贤区	海湾板块	49	区域型	47	区域型
奉贤区	南桥板块	44	区域型	48	区域型
青浦区	赵巷板块	47	区域型	49	区域型
青浦区	重固镇板块	46	区域型	50	区域型
崇明县	陈家镇板块	45	区域型	51	区域型
松江区	洞泾板块	50	全市型	52	全市型
嘉定区	西北区板块	53	区域型	53	区域型
浦东新区	书院板块	67	内生型	54	全市型
奉贤区	金汇板块	52	区域型	55	区域型
金山区	亭林镇街道	55	区域型	56	区域型
崇明县	城桥镇板块	54	内生型	57	内生型
金山区	枫泾镇板块	58	区域型	58	区域型
金山区	朱泾镇板块	59	内生型	59	内生型
青浦区	白鹤镇板块	57	区域型	60	区域型
奉贤区	柘林板块	61	区域型	61	区域型
奉贤区	奉城板块	60	内生型	62	内生型
崇明县	堡镇板块	62	内生型	63	内生型
崇明县	长兴岛板块	63	内生型	64	内生型
金山区	漕泾镇板块	65	区域型	65	区域型
浦东新区	六灶板块	64	内生型	66	内生型
金山区	张堰镇板块	68	内生型	67	内生型
金山区	吕巷镇板块	66	内生型	68	内生型

对比未来3~5年和现实点板块投资潜力排名，我们发现临港新城板块上升最为明显，在68个板块中，上升43名，惠南板块、航头板块、新场板块、华漕板块依次上升24、20、17、15名。

未来 3~5 年镇域投资潜力排名（全市型） 表 6-28

区域	板块	镇域	得分	区域	板块	镇域	得分
浦东新区	大三林（三林、杨思、六里）板块	三林镇	7.43	浦东新区	川沙板块	川沙新镇	6.80
浦东新区	张江板块	张江镇	6.49	浦东新区	大三林（三林、杨思、六里）板块	东明路街道	5.61
浦东新区	周康板块	康桥镇	5.56	浦东新区	大三林（三林、杨思、六里）板块	周家渡街道	5.45
浦东新区	周康板块	周浦镇	5.41				
普陀区	桃浦板块	桃浦镇	5.38	浦东新区	临港新城板块	南汇新城镇	5.41
浦东新区	大三林（三林、杨思、六里）板块	上钢新村街道	5.18	闵行区	华漕板块	华漕镇	5.19
				嘉定区	嘉定新城板块	安亭镇	5.14
浦东新区	大三林（三林、杨思、六里）板块	南码头路街道	5.01	普陀区	长风板块	长风新村街道	5.01
				普陀区	真如、曹杨板块	真如镇	4.98
嘉定区	嘉定新城板块	马陆镇	4.98	闵行区	金虹板块	新虹街道	4.92
闵行区	金虹板块	虹桥镇	4.94	普陀区	真如、曹杨板块	曹杨新村街道	4.85
浦东新区	高桥、高行板块	高行镇	4.86	闵行区	大古美、梅陇板块	古美路街道	4.79
浦东新区	高桥、高行板块	高桥镇	4.80	宝山区	月浦板块	月浦镇	4.77
宝山区	大华板块	大场镇	4.78	浦东新区	高桥、高行板块	高东镇	4.73
松江区	佘山板块	佘山镇	4.74	闵行区	颛桥板块	颛桥镇	4.68
闵行区	大古美、梅陇板块	梅陇镇	4.68	闵行区	七宝板块	七宝镇	4.67
闵行区	浦江镇板块	浦江镇	4.68	浦东新区	曹路板块	唐镇	4.59
青浦区	徐泾板块	徐泾镇	4.60	嘉定区	南翔板块	南翔镇	4.56
闵行区	马桥板块	马桥镇	4.56	浦东新区	金桥板块	金桥镇	4.48
浦东新区	航头板块	航头镇	4.55	嘉定区	嘉定新城板块	嘉定工业区	4.40
普陀区	长征板块	长征镇	4.46	浦东新区	惠南板块	惠南镇	4.32
浦东新区	祝桥板块	祝桥镇	4.40	浦东新区	金桥板块	沪东新村街道	4.30
嘉定区	嘉定新城板块	嘉定镇街道	4.31	宝山区	西城板块	杨行镇	4.21
嘉定区	江桥板块	江桥镇	4.25	浦东新区	新场板块	宣桥镇	4.19
宝山区	顾村板块	顾村镇	4.20	浦东新区	金桥板块	浦兴路街道	4.16
浦东新区	金桥板块	金杨新村街道	4.19	宝山区	东城板块	友谊路街道	4.14
宝山区	东城板块	吴淞街道	4.15				

未来 3~5 年镇域投资潜力排名（区域型） 表 6-29

区域	板块	镇域	得分	区域	板块	镇域	得分
青浦区	青浦镇板块	香花桥街道	5.10	奉贤区	南桥板块	南桥镇	3.85
嘉定区	嘉定新城板块	菊园新区	4.31	松江区	新桥板块	车墩镇	3.68
青浦区	青浦镇板块	盈浦街道	4.15	青浦区	朱家角板块	朱家角镇	3.64
嘉定区	嘉定新城板块	新成路街道	4.05	青浦区	朱家角板块	金泽镇	3.59
浦东新区	川沙板块	合庆镇	3.94	青浦区	赵巷板块	赵巷镇	3.58

区域	板块	镇域	得分	区域	板块	镇域	得分
松江区	新桥板块	叶榭镇	3.47	松江区	松江新城板块	小昆山镇	3.68
青浦区	重固镇板块	重固镇	3.40	松江区	松江新城板块	石湖荡镇	3.66
崇明县	陈家镇板块	陈家镇	3.21	金山区	金山新城板块	山阳镇	3.62
崇明县	陈家镇板块	向化镇	3.09	宝山区	罗店板块	罗泾镇	3.59
嘉定区	西北区板块	外冈镇	2.94	松江区	松江新城板块	方松街道	3.56
金山区	亭林镇街道	亭林镇	2.69	松江区	松江新城板块	泖港镇	3.45
青浦区	白鹤镇板块	白鹤镇	2.46	奉贤区	南桥板块	青村镇	3.31
奉贤区	柘林板块	柘林镇	2.28	奉贤区	南桥板块	庄行镇	3.11
崇明县	长兴岛板块	长兴镇	1.98	崇明县	陈家镇板块	中兴镇	3.09
嘉定区	嘉定新城板块	徐行镇	4.61	奉贤区	金汇板块	金汇镇	2.73
青浦区	青浦镇板块	夏阳街道	4.21	金山区	枫泾镇板块	枫泾镇	2.54
青浦区	华新镇板块	华新镇	4.14	金山区	亭林镇街道	金山工业区	2.43
松江区	新桥板块	新桥镇	3.95	奉贤区	奉城板块	奉城镇	2.01
奉贤区	海湾板块	海湾镇	3.92	金山区	漕泾镇板块	漕泾镇	1.49

未来 3~5 年镇域投资潜力排名（内生型）　　　　　　　　　　表 6-30

区域	板块	镇域	得分	区域	板块	镇域	得分
嘉定区	嘉定新城板块	华亭镇	3.79	青浦区	朱家角板块	练塘镇	3.67
金山区	金山新城板块	石化街道	3.52	松江区	松江新城板块	新浜镇	3.34
金山区	金山新城板块	金山卫镇	3.32	浦东新区	新场板块	大团镇	3.09
浦东新区	临港新城板块	泥城镇	2.95	崇明县	城桥镇板块	城桥镇	2.69
崇明县	城桥镇板块	东平镇	2.54	崇明县	城桥镇板块	新海镇	2.50
金山区	朱泾镇板块	朱泾镇	2.40	崇明县	城桥镇板块	新村乡	2.38
崇明县	城桥镇板块	新河镇	2.38	崇明县	城桥镇板块	庙镇	2.37
崇明县	城桥镇板块	绿华镇	2.37	崇明县	城桥镇板块	三星镇	2.35
崇明县	城桥镇板块	建设镇	2.33	崇明县	城桥镇板块	港西镇	2.28
崇明县	堡镇板块	堡镇	2.20	奉贤区	奉城板块	四团镇	1.99
崇明县	堡镇板块	港沿镇	1.51	崇明县	堡镇板块	竖新镇	1.51
浦东新区	书院板块	万祥镇	1.50	崇明县	长兴岛板块	横沙乡	1.48
浦东新区	六灶板块	老港镇	1.43	金山区	张堰镇板块	张堰镇	1.42
金山区	吕巷镇板块	吕巷镇	1.32	金山区	吕巷镇板块	廊下镇	1.30

未来 3~5 年和现实点镇域投资潜力排名对比　　　　　　　　　表 6-31

区域	板块	镇区	现实点排名	现实点需求类型	未来 3~5 年排名	未来 3~5 年需求类型	未来排名
浦东新区	大三林（三林、杨思、六里）板块	三林镇	1	全市型	1	全市型	1

区域	板块	镇区	现实点排名	现实点需求类型	未来3~5年排名	未来3~5年需求类型	未来排名
浦东新区	川沙板块	川沙新镇	13	全市型	2	全市型	2
浦东新区	张江板块	张江镇	14	全市型	3	全市型	3
浦东新区	大三林（三林、杨思、六里）板块	东明路街道	16	全市型	4	全市型	4
浦东新区	周康板块	康桥镇	19	全市型	5	全市型	5
浦东新区	大三林（三林、杨思、六里）板块	周家渡街道	3	全市型	6	全市型	6
浦东新区	周康板块	周浦镇	18	全市型	7	全市型	7
浦东新区	临港新城板块	南汇新城镇	106	内生型	8	全市型	8
普陀区	桃浦板块	桃浦镇	36	全市型	9	全市型	9
闵行区	华漕板块	华漕镇	50	全市型	10	全市型	10
浦东新区	大三林（三林、杨思、六里）板块	上钢新村街道	10	全市型	11	全市型	11
嘉定区	嘉定新城板块	安亭镇	20	全市型	12	全市型	12
青浦区	青浦镇板块	香花桥街道	28	区域型	13	区域型	13
浦东新区	大三林（三林、杨思、六里）板块	南码头路街道	15	全市型	14	全市型	14
普陀区	长风板块	长风新村街道	4	全市型	15	全市型	15
嘉定区	嘉定新城板块	马陆镇	23	全市型	16	全市型	16
普陀区	真如、曹杨板块	真如镇	5	全市型	17	全市型	17
闵行区	金虹板块	虹桥镇	31	全市型	18	全市型	18
闵行区	金虹板块	新虹街道	35	全市型	19	全市型	19
浦东新区	高桥、高行板块	高行镇	24	全市型	20	全市型	20
普陀区	真如、曹杨板块	曹杨新村街道	2	全市型	21	全市型	21
浦东新区	高桥、高行板块	高桥镇	25	全市型	22	全市型	22
闵行区	大古美、梅陇板块	古美路街道	7	全市型	23	全市型	23
宝山区	大华板块	大场镇	12	全市型	24	全市型	24
宝山区	月浦板块	月浦镇	38	全市型	25	全市型	25
松江区	佘山板块	佘山镇	6	全市型	26	全市型	26
浦东新区	高桥、高行板块	高东镇	32	全市型	27	全市型	27
闵行区	大古美、梅陇板块	梅陇镇	9	全市型	28	全市型	28
闵行区	颛桥板块	颛桥镇	8	全市型	29	全市型	29
闵行区	浦江镇板块	浦江镇	30	全市型	30	全市型	30
闵行区	七宝板块	七宝镇	17	全市型	31	全市型	31
嘉定区	嘉定新城板块	徐行镇	53	区域型	32	区域型	32
青浦区	徐泾板块	徐泾镇	52	全市型	33	全市型	33

区域	板块	镇区	现实点排名	现实点需求类型	未来3~5年排名	未来3~5年需求类型	未来排名
浦东新区	曹路板块	唐镇	58	全市型	34	全市型	34
闵行区	马桥板块	马桥镇	11	全市型	35	全市型	35
嘉定区	南翔板块	南翔镇	34	全市型	36	全市型	36
浦东新区	航头板块	航头镇	79	区域型	37	全市型	37
浦东新区	金桥板块	金桥镇	48	全市型	38	全市型	38
普陀区	长征板块	长征镇	21	全市型	39	全市型	39
嘉定区	嘉定新城板块	嘉定工业区	26	全市型	40	全市型	40
浦东新区	祝桥板块	祝桥镇	63	全市型	41	全市型	41
浦东新区	惠南板块	惠南镇	102	内生型	42	全市型	42
嘉定区	嘉定新城板块	嘉定镇街道	22	全市型	43	全市型	43
嘉定区	嘉定新城板块	菊园新区	46	区域型	44	区域型	44
浦东新区	金桥板块	沪东新村街道	40	全市型	45	全市型	45
嘉定区	江桥板块	江桥镇	78	全市型	46	全市型	46
宝山区	西城板块	杨行镇	61	全市型	47	全市型	47
青浦区	青浦镇板块	夏阳街道	27	区域型	48	区域型	48
宝山区	顾村板块	顾村镇	44	全市型	49	全市型	49
浦东新区	新场板块	宣桥镇	98	区域型	50	全市型	50
浦东新区	金桥板块	金杨新村街道	43	全市型	51	全市型	51
浦东新区	金桥板块	浦兴路街道	41	全市型	52	全市型	52
青浦区	青浦镇板块	盈浦街道	29	区域型	53	区域型	53
宝山区	东城板块	吴淞街道	39	全市型	54	全市型	54
青浦区	华新镇板块	华新镇	62	区域型	55	区域型	55
宝山区	东城板块	友谊路街道	33	全市型	56	全市型	56
松江区	九亭板块	九亭镇	64	全市型	57	全市型	57
宝山区	共富、共康板块	张庙街道	37	全市型	58	全市型	58
闵行区	莘庄板块	莘庄镇	42	全市型	59	全市型	59
浦东新区	新场板块	新场镇	97	区域型	60	全市型	60
嘉定区	嘉定新城板块	新成路街道	47	区域型	61	区域型	61
松江区	松江新城板块	中山街道	51	全市型	62	全市型	62
宝山区	东城板块	宝山城市工业园区	45	全市型	63	全市型	63
松江区	新桥板块	新桥镇	69	区域型	64	区域型	64
浦东新区	川沙板块	合庆镇	56	区域型	65	区域型	65
松江区	松江新城板块	岳阳街道	49	全市型	66	全市型	66
奉贤区	海湾板块	海湾镇	99	区域型	67	区域型	67
宝山区	松南板块	淞南镇	55	全市型	68	全市型	68

区域	板块	镇区	现实点排名	现实点需求类型	未来3~5年排名	未来3~5年需求类型	未来排名
松江区	松江新城板块	永丰街道	54	全市型	69	全市型	69
宝山区	松南板块	高境镇	57	全市型	70	全市型	70
宝山区	罗店板块	罗店镇	84	全市型	71	全市型	71
奉贤区	南桥板块	南桥镇	85	区域型	72	区域型	72
松江区	泗泾板块	泗泾镇	74	全市型	73	全市型	73
宝山区	共富、共康板块	庙行镇	60	全市型	74	全市型	74
浦东新区	曹路板块	曹路镇	67	全市型	75	全市型	75
嘉定区	嘉定新城板块	华亭镇	59	内生型	76	内生型	76
闵行区	江川紫竹板块	吴泾镇	80	全市型	77	全市型	77
闵行区	江川紫竹板块	江川路街道	75	全市型	78	全市型	78
松江区	松江新城板块	小昆山镇	76	区域型	79	区域型	79
松江区	新桥板块	车墩镇	72	区域型	80	区域型	80
青浦区	朱家角板块	练塘镇	77	内生型	81	内生型	81
松江区	松江新城板块	石湖荡镇	71	区域型	82	区域型	82
青浦区	朱家角板块	朱家角镇	65	区域型	83	区域型	83
金山区	金山新城板块	山阳镇	87	区域型	84	区域型	84
闵行区	莘庄板块	莘庄工业区	68	全市型	85	全市型	85
青浦区	朱家角板块	金泽镇	66	区域型	86	区域型	86
宝山区	罗店板块	罗泾镇	100	区域型	87	区域型	87
青浦区	赵巷板块	赵巷镇	93	区域型	88	区域型	88
松江区	松江新城板块	方松街道	81	区域型	89	区域型	89
金山区	金山新城板块	石化街道	88	内生型	90	内生型	90
松江区	新桥板块	叶榭镇	70	区域型	91	区域型	91
松江区	松江新城板块	泖港镇	73	区域型	92	区域型	92
嘉定区	江桥板块	真新街道	82	全市型	93	全市型	93
青浦区	重固镇板块	重固镇	89	区域型	94	区域型	94
松江区	松江新城板块	新浜镇	83	内生型	95	内生型	95
金山区	金山新城板块	金山卫镇	92	内生型	96	内生型	96
奉贤区	南桥板块	青村镇	86	区域型	97	区域型	97
松江区	洞泾板块	洞泾镇	96	全市型	98	全市型	98
崇明县	陈家镇板块	陈家镇	95	区域型	99	区域型	99

区域	板块	镇区	现实点排名	现实点需求类型	未来3~5年排名	未来3~5年需求类型	未来排名
奉贤区	南桥板块	庄行镇	94	区域型	100	区域型	100
浦东新区	新场板块	大团镇	101	内生型	101	内生型	101
崇明县	陈家镇板块	向化镇	90	区域型	102	区域型	102
崇明县	陈家镇板块	中兴镇	91	区域型	103	区域型	103
浦东新区	临港新城板块	泥城镇	107	内生型	104	内生型	104
嘉定区	西北区板块	外冈镇	104	区域型	105	区域型	105
浦东新区	书院板块	书院镇	131	内生型	106	全市型	106
奉贤区	金汇板块	金汇镇	103	区域型	107	区域型	107
崇明县	城桥镇板块	城桥镇	109	内生型	108	内生型	108
金山区	亭林镇街道	亭林镇	116	区域型	109	区域型	109
金山区	枫泾镇板块	枫泾镇	120	区域型	110	区域型	110
崇明县	城桥镇板块	东平镇	108	内生型	111	内生型	111
崇明县	城桥镇板块	新海镇	105	内生型	112	内生型	112
青浦区	白鹤镇板块	白鹤镇	119	区域型	113	区域型	113
金山区	亭林镇街道	金山工业区	118	区域型	114	区域型	114
金山区	朱泾镇板块	朱泾镇	121	内生型	115	内生型	115
崇明县	城桥镇板块	新村乡	110	内生型	116	内生型	116
崇明县	城桥镇板块	新河镇	111	内生型	117	内生型	117
崇明县	城桥镇板块	庙镇	112	内生型	118	内生型	118
崇明县	城桥镇板块	绿华镇	113	内生型	119	内生型	119
崇明县	城桥镇板块	三星镇	114	内生型	120	内生型	120
崇明县	城桥镇板块	建设镇	115	内生型	121	内生型	121
崇明县	城桥镇板块	港西镇	117	内生型	122	内生型	122
奉贤区	柘林板块	柘林镇	124	区域型	123	区域型	123
崇明县	堡镇板块	堡镇	129	内生型	124	内生型	124
奉贤区	奉城板块	奉城镇	122	区域型	125	区域型	125
奉贤区	奉城板块	四团镇	123	内生型	126	内生型	126
崇明县	长兴岛板块	长兴镇	125	区域型	127	区域型	127
崇明县	堡镇板块	港沿镇	126	内生型	128	内生型	128
崇明县	堡镇板块	竖新镇	127	内生型	129	内生型	129
浦东新区	书院板块	万祥镇	132	内生型	130	内生型	130

区域	板块	镇区	现实点排名	现实点需求类型	未来3~5年排名	未来3~5年需求类型	未来排名
金山区	漕泾镇板块	漕泾镇	135	区域型	131	区域型	131
崇明县	长兴岛板块	横沙乡	128	内生型	132	内生型	132
浦东新区	六灶板块	老港镇	130	内生型	133	内生型	133
金山区	张堰镇板块	张堰镇	136	内生型	134	内生型	134
金山区	吕巷镇板块	吕巷镇	134	内生型	135	内生型	135
金山区	吕巷镇板块	廊下镇	133	内生型	136	内生型	136

对比未来3~5年和现实点镇域投资潜力排名，可以看出，南汇新城镇在168个镇区中，上升98名，惠南镇、宣桥镇、航头镇、华漕镇、新场镇依次上升60、48、42、40、37名。

第七章

基于比较研究的城市房地产投资潜力分析

一、一二线重点城市比较研究

（一）基于比较研究的城市房地产投资潜力分析

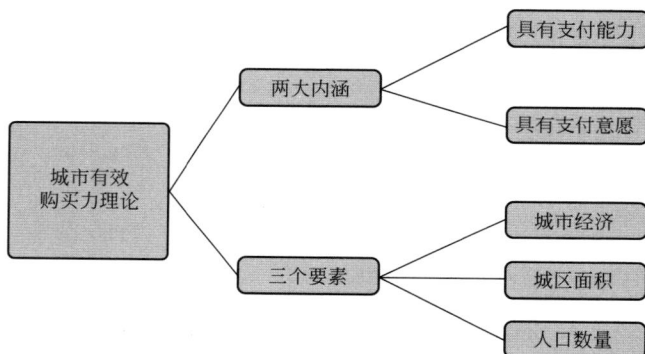

图 7-1　基于宏观经济因子的城市房地产长期投资价值理论模型

购买力（purchasing power），是人们支付货币购买商品或劳务的能力。

有效购买力的形成需要两个条件：具有支付能力，同时也具有支付意愿。城市置业购买力的形成依赖于三个因子：①城市经济——基础条件，具有支付能力，②城区面积和③人口数量——必要条件，形成支付意愿。

1.城市价值投资机会的 P—I—P—R 模型：

基于城市价值投资机会的实证理论，我们提出 P—I—P—R 模型，即：

P：People——人口——〉对应人的城镇化

I：Industrial——产业——〉对应产业城镇化

P：Policy——政策——〉对应政策引导下的城镇化

R：Resource——资源——〉对应资源约束的城镇化

城镇化量化评价指标体系 表 7-1

类别	二级因子	三级指标
人的城镇化	经济规模 C1	GDP 规模总量
		工业增加值
		消费品零售总额
		进出口贸易额
	经济水平 C2	人均 GDP
		人均消费品零售总额
		人均固定资产投资总额
	经济增速 C3	GDP 增速
		工业增加值增速
		居民消费增速
		固定资产投资增速
	公共服务 C4	每万人拥有金融服务网点
		每万人拥有商业网点数
		每万人教育设施
		每万人医疗床位数
		每万人医疗医生数
		每万人教师数
	生态宜居 C5	空气质量二级以上天数
		市区人均绿地面积
		城市文化景观品级
		城市污染水污染指数
	城市认可 C6	城市知名度
		城市功能定位
产业城镇化	产业结构 C7	第一产业规模
		第二产业规模
		第三产业规模
		金融高科技产业规模
	产业规模 C8	第二产业占比
		第三产业占比
		第二三产业占比
	企业规模 C9	金融科技企业占比
		外资企业占比
		企业用工成本
		工业企业注册数
		工业企业利润

类别	二级因子	三级指标
政策引导下的城镇化	智慧城市 C10	智慧城市
	政府安居工程 C11	政府安居工程
	城市服务 C12	社会保障度
		社会安全度
		政府教育组织
资源约束下的城镇化	土地可出让面积 C13	土地可出让面积
	水资源可承载的人数 C14	水资源可承载的人数
	基础设施 C15	市区与最近机场距离
		市区与最近港口距离
		城市公路密集度
		城市铁路密集度
		万人公共汽车和轨道数

本书所采用的模型基于"有效购买力"经济理论的指导，选择"城市经济""人口因素"和"面积因素"三个要素，进行城市有效购买力的数学模拟，最终得出各城市房地产长期投资价值和风险的结论（图7-2）。

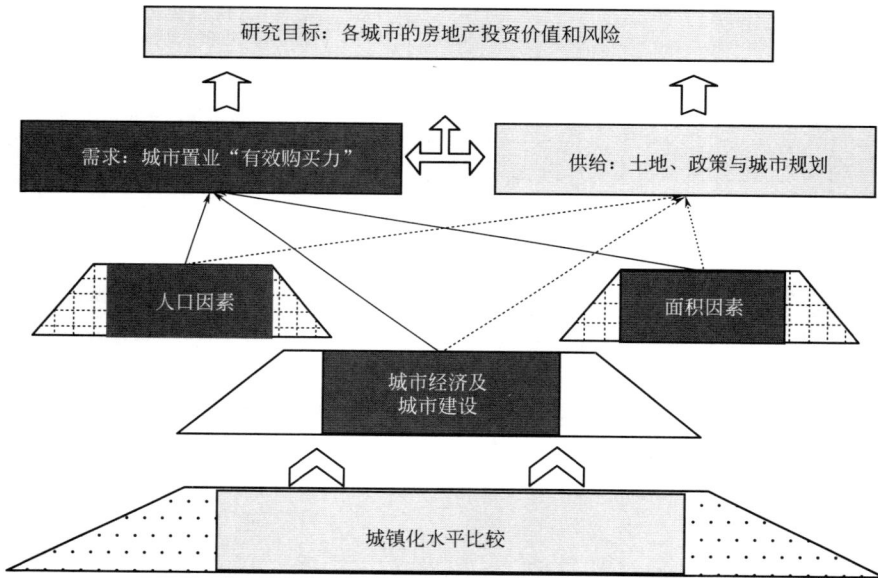

图7-2 城市有效购买力

2. 城市长中短期的 110 价值判断模型

110 价值判断模型是将长期、中期、短期指标评价指数进行标准差标准化（Z-score）后，小于大于 0 则记为 1，小于 0 则记为 0，可以较快地做出城市进入判断。比如 110 第 1 位的 1 表示长期好，第二位的 1 表示中期好，第三位的 0 表示短期好，各种组合在介绍完长期、中期、短期指标评价后再列（图 7-3、图 7-4）。

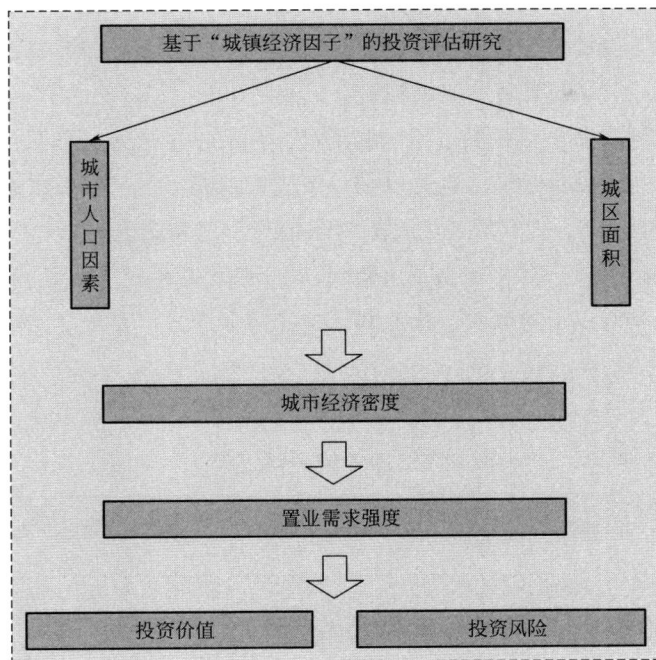

图 7-3　基于"城镇经济因子"投资评估

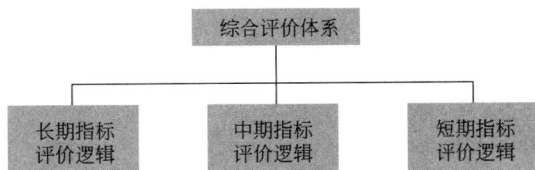

图 7-4　长中短期价值判断

　　长期指标评价主要是根据城市经济密度和人口置业强度相比较来判断投资价值，把两者相除后的值进行标准差标准化（Z-score）后，大于 0 则表示该城市的长期指标评定为优良（记为 1），小于 0 则表示该城市的长期指标评定为次级（记为 0）。

　　中期指标评价主要是从市场近 5 年的供需比较，供给指标有商品房新开工面积、房地产投资额、商品房施工面积，需求指标有商品房销售额、商品房销售面积，价格表现指标有收入房价比、同比增长速度，供需比较指标有商品房销售额/投资额，销售面积/施工面积、销售面积/新开工面积，成长性指标商品房销售额增长率、商品房销售面积增长率。对上述指标进行标准差标准化（Z-score），再用主成分分析，最终得出一个评价指数，把这个指标进行标准差标准化（Z-score），该值即为中期指标评价：该值大于 0，则意味着该城市表现良好，用 1 表示；该值小于 0，则意味着该城市表现欠佳，用 0 表示。

短期指标用每个城市的销售供给比或存货去化周期来模拟该城市的房地产发展波动。把销售供给比进行标准差标准化（Z-score），若该值大于 0，表示该城市的去化情况良好，需求旺盛，用数字 0 表示；该值小于 0，表示该城市的去化情况较差，存在供过于求的情况，用数字 1 表示，如果用供给销售比来评价，结论就反过来。也可以画一条线来判断，把存货去化周期小于 10 个月的城市记为 0，把存货去化周期大于 10 个月的城市记为 1。

把上述指标按三位数的方式记录下来，记为 110 表示的是长期、中期、短期都在平均线以上的城市，快速判断是较适合进入，表 7-2 给予了城市选择的优先等级。

城市选择评价指标优先级 表 7-2

长期指标	中期指标	短期指标	优先等级
1	1	0	1
1	1	1	2
1	0	0	3
1	0	1	4
0	1	0	5
0	1	1	6
0	0	0	7
0	0	1	8

（二）城市房地产长期投资价值研究方法及实例

城市房地产长期投资价值主要根据城市购买力理论和 P—I—P—R 模型进一步推演深化，研究方法是主成分分析法和因子分析法相结合。

1. 主成分分析法和因子分析法相结合

（1）主成分分析法

主成分分析（Principal Component Analysis，PCA），是一种统计方法。通过正交变换将一组可能存在相关性的变量转换为一组线性不相关的变量，转换后的这组变量叫主成分。在实际课题中，为了全面分析问题，往往提出很多与此有关的变量（或因素），因为每个变量都在不同程度上反映这个课题的某些信息。

主成分分析首先是由 K·皮尔森（Karl Pearson）对非随机变量引入的，

尔后 H·霍特林将此方法推广到随机向量的情形。信息的大小通常用离差平方和或方差来衡量。

在用统计分析方法研究多变量的课题时，变量个数太多就会增加课题的复杂性。人们自然希望变量个数较少而得到的信息较多。在很多情形，变量之间是有一定的相关关系的，当两个变量之间有一定相关关系时，可以解释为这两个变量反映此课题的信息有一定的重叠。主成分分析是对于原先提出的所有变量，将重复的变量（关系紧密的变量）删去多余，建立尽可能少的新变量，使得这些新变量是两两不相关的，而且这些新变量在反映课题的信息方面尽可能保持原有的信息。设法将原来变量重新组合成一组新的互相无关的几个综合变量，同时根据实际需要从中可以取出几个较少的综合变量以尽可能多地反映原来变量的信息的统计方法叫做主成分分析或称主分量分析，也是数学上用来降维的一种方法。

（2）因子分析法

因子分析的基本目的就是用少数几个因子去描述许多指标或因素之间的联系，即将相关比较密切的几个变量归在同一类中，每一类变量就成为一个因子，以较少的几个因子反映原资料的大部分信息。

因子分析法是从研究变量内部相关的依赖关系出发，把一些具有错综复杂关系的变量归结为少数几个综合因子的一种多变量统计分析方法。它的基本思想是将观测变量进行分类，将相关性较高，即联系比较紧密的分在同一类中，而不同类变量之间的相关性则较低，那么每一类变量实际上就代表了一个基本结构，即公共因子。对于所研究的问题就是试图用最少个数的不可测的所谓公共因子的线性函数与特殊因子之和来描述原来观测的每一分量。

主成分分析主要是一种探索性的技术，在分析者进行多元数据分析之前，用他来分析数据，让自己对数据有一个大致的了解，这是非常有必要的。主成分分析一般很少单独使用：①了解数据（screening the data）；②和 cluster analysis（聚类分析）一起使用；③和判别分析一起使用，比如当变量很多，个案数不多，直接使用判别分析可能无解，这时候可以使用主成分对变量简化（reduce dimensionality）；④在多元回归中，主成分分析可以帮助判断是否存在共线性（条件指数），还可以用来处理共线性。

主成分分析通过线性组合将原变量综合成几个主成分，用较少的综合指标来代替原来较多的指标（变量）。在多变量分析中，某些变量间往往存在相关性。是什么原因使变量间有关联呢？是否存在不能直接观测到的、但影响可观测变量变化的公共因子？因子分析法（Factor Analysis）就是寻找这些公共因子的模型分析方法，它是在主成分的基础上构筑若干意义较为明确的公因子，以它们为框架分解原变量，以此考察原变量间的联系与区别。

2. 模型指标体系

利用主成分分析法，假设城镇化对房地产投资价值的评估体系中有 P 个影响指标（变量），分别为 X_1，X_2，$\cdots$，X_P，这 P 个指标（变量）就构成了一个 P 维的随机向量，记：$X = [X_1 X_2 \cdots X_P]^t$

并设随机向量 X 的均值为 μ，协方差阵为 Σ。对 P 个指标（变量）X_1，X_2，$\cdots$，X_P 作线性变换：

$$\begin{cases} F_1 = a^t_1 = a_{11}X_1 + a_{21}X_2 + \cdots + a_{p1}X_p \\ F_2 = a^t_2 = a_{21}X_1 + a_{22}X_2 + \cdots + a_{p2}X_p \\ \qquad\qquad \cdots\cdots \\ F_p = a^t_p = a_{p1}X_1 + a_{p1}X_2 + \cdots + a_{pp}X_p \end{cases}$$

其中，F_1、F_2，$\cdots$，F_P 为 p 个主成分，并且 $\mathrm{Var}(F_1) \geqslant \mathrm{Var}(F_2) \geqslant \cdots \geqslant \mathrm{Var}(F_p) \geqslant 0$。

定义 $\mathrm{Var}(F_m) = \lambda_m$，$\lambda_m$ 表示第 m 个主成分对应相关矩阵的特征值，第 m 个主成分的贡献率 $\lambda_m / \sum_{i=1}^{p} \lambda_i$ 实际上就是第 m 个主成分的方差在全部方差中所占的比重，该值越大，表明第 m 个主成分综合 X_1，X_2，$\cdots$，X_P 的信息越多，前 m 个主成分的累放贡献率定义为 $(\lambda_1 + \lambda_2 + \cdots + \lambda_m) / \sum_{i=1}^{p} \lambda_i$。一般来说，如果前 m 个主成分的累计贡献率达到 80%，则表明前 m 个主成分基本涵盖了全部观察变量或指标所包含的信息。

利用因子分析法从统计指标（三级指标）中推导出公共因子，结合经济理论作主观判断，基于相关性确立其指向的因素进行命名作为二级因子，二级因子有相关性共同指向判断的，统一确立为一级因子，如经济规模 C1、经济水平 C2 和经济增速 C3 的指向相同，命名为城市经济发展 B1，如果某二级因子相对独立且主成分在 2 个以内就作为一级因子，如收入与支付能力 B3（表7-3）。

各级因子 表 7-3

一级因子	二级因子	三级指标
城市经济发展 B1	经济规模 C1	GPD 规模总量 D1
		工业增加值 D2
		消费品零售总额 D3
		进出口贸易总额 D4
		进出口贸易总额 D5
	经济水平 C2	人均 GDPD6
		人均消费品零售总额 D7
		人均固定资产投资总额 D8

一级因子	二级因子	三级指标
城市经济发展 B1	经济增速 C3	GDP 增速 D9
		工业增加值增速 D10
		居民消费增速 D11
		固定资产投资增速 D12
产业规模与构成 B2	产业规模 C4	第二产业规模 D13
		第三产业规模 D14
		金融高科技产业规模 D15
	产业结构 C5	第二产业占比 D16
		第三产业占比 D17
		第二三产业占比 D18
		金融科技产业占比 D18
	工商企业规模 C6	外资企业占比 D20
		企业用工成本 D21
		工业企业注册数 D22
		工业企业利润 D23
收入与支付能力 B3		城市人均 GDPD24
		人均可支配收入 D25
		人均储蓄额 D26
		居民人均消费额 D27
		人均财政收入 D28
公共宜居环境 B4	基础设施 C7	市区与最近机场距离 D29
		市区与最近港口距离 D30
		城市公路密集度 D31
		城市铁路密集度 D32
		万人公共汽车和轨道数 D33
	公共服务 C8	每万人拥有金融服务网点 D34
		每万人拥有商业网点数 D35
		每万人教育设施 D36
		每万人医疗床位数 D37
		每万人医疗医生数 D38
		每万人教师数 D39
	生态宜居 C9	空气质量二级以上天数 D40
		市区人均绿地面积 D41
		城市文化景观品级 D42
		城市污染水污染指数 D43
	城市认可 C10	城市知名度 D44
		城市功能定位 D45

一级因子	二级因子	三级指标
公共宜居环境 B4	城市服务 C11	社会保障度 D46
		社会安全度 D47
		政府招商能力 D48
资源流通与城际 交通 B5		航空机场运输规模 D49
		城际铁路高铁运输规模 D50
		城市港口海运吞吐量 D51
		长三角中心城市的可达性 D52
		国内城际贸易规模 D53
		国际商业贸易规模 D54
城市置业人口 A2		城市人口数量 D55
		城区人口数量 D56
		城市化率 D57
		置业人口规模 D58
		置业人口占比 D59
城市城区面积 A3		城市土地面积 D60
		城市城区面积 D61
		城市商业区面积 D62
		城区面积占比 D63
		规模新建面积 D64

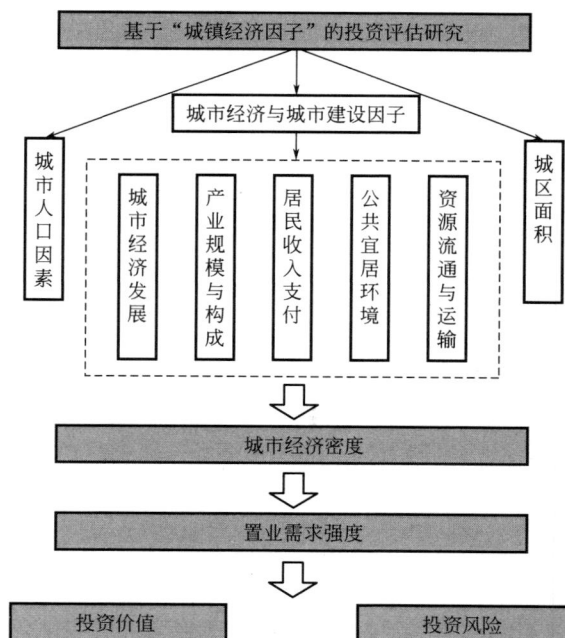

图 7-5　基于"城镇经济因子"投资评估

基于宏观经济因子的城市房地产长期投资价值理论模型，将城市经济及城市建设记为 A1，B1~B5 都指向 A1，城市置业人口记为 A2，城市城区面积记为 A3。

3. 实证研究案例：城市的收入与支付能力 B3

表 7-4（数据为 2013 年）对收入与支付能力因子 B3 进行表征，通过主成分分析法，得到各个城市的综合得分（满分 100 分），排名靠前城市以一线和二线核心城市为主，城市经济发展较强，人民富裕程度较高，相应的支付能力优秀，部分城市由于经济结构原因和政策因素导致人均产值较高，出现排名高于一线城市情况。

部分城市收入与支付能力分析 表 7-4

城市	人均 GDP（元）	人均可支配收入（元）	人均消费支出（元）	人均居民储蓄余额（元）	人均财政收入（元）	得分
	X1	X2	X3	X4	X5	%_f
呼和浩特	90313.22	35629	23074	147878.8	1371.06	100.00
深圳	136422.7	44653	28812	93159.12	2918.018	79.29
广州	119288.1	42049	33157	87492.65	1900.206	73.03
珠海	104532.5	36375	26131	85532.92	340.6667	68.74
无锡	124819.1	38999	25392	63733.2	3996.481	60.67
杭州	94341.02	39310	24833	72462.57	2499.132	59.71
南京	97850.22	39881	25647	60526.15	2891.65	53.88
天津	101688.9	32658	21850	49923.93	11627.7	48.27
武汉	89439.43	29821.22	20157.32	53575.1	6045.77	47.88
长沙	99054.62	33662	22346	48563.99	3036.181	47.22
西安	57104.96	33100	23848	62634.31	2720.23	47.04
青岛	89319.5	35227	22060	48728.25	3709.878	45.51
济南	74724.96	35648	21667	46689.53	1590.47	41.68
郑州	68681.06	26615	18672	49560.35	4143.293	41.63
成都	63977	29968	19053	49377.54	3819.049	40.79
昆明	52094	28354	17360.92	53097.43	1505.964	40.50
福州	64353.51	26955	20040	45345.94	1498.55	38.61
南昌	64678	26151	17944	40212.52	3847.008	35.73
合肥	61555	28083	20475	30952.17	3195.613	30.24
重庆	42976.88	25216	17814	33500.85	7638.723	27.86
苏州	120000	41143	25197	3.356668	5974.048	24.95
宁波	93176	41729	21779	2.627646	6535.627	19.79
蚌埠	31482	22739	15492	18633.54	1475.045	17.49
赣州	20015.67	20566	16332.78	18269.5	1083.787	15.08

4. 实证研究案例：城市经济及城市建设 A1

限于篇幅，B1、B2、B4、B5 的主成分分析不在文中一一列举。利用综合主成分计算得到城市经济与城市建设因子 A1，通过主成分分析法，得到各个城市的综合得分（满分 100 分）。一线城市发展较高，且处于国家发展核心地位，城市经济和城市建设完善程度位居前列，二线省会城市位于第二梯队，受全省资源倾斜影响发展较为迅猛（表 7-5）。

部分城市经济与建设分析　　　　　表 7-5

城市	B1 得分	B2 得分	B3 得分	B4 得分	B5 得分	总得分
广州	0.510068	1	0.730293	1	0.680239	100.00
深圳	1	0.908971	0.7929	0.51874	0.585168	95.48
天津	0.50581	0.999761	0.482735	0.799914	0.74754	95.22
苏州	0.666426	0.461053	0.249539	0.804468	0.84567	80.20
成都	0.287056	0.629824	0.407865	0.722081	0.893079	75.02
重庆	0.397192	0.870352	0.278646	0.380378	0.744184	74.67
武汉	0.244696	0.615972	0.478818	0.778736	0.814863	73.19
杭州	0.27948	0.555258	0.597058	0.812608	0.799737	72.69
无锡	0.27202	0.531928	0.606655	0.681586	0.899978	70.25
宁波	0.432203	0.458765	0.197892	0.545495	1	69.47
南京	0.26781	0.553124	0.538847	0.710279	0.487439	62.14
青岛	0.289577	0.536972	0.455138	0.589249	0.596798	61.07
长沙	0.186009	0.542447	0.472219	0.538498	0.604701	57.07
西安	0.154629	0.365553	0.470393	0.554396	0.83288	54.75
郑州	0.202422	0.42907	0.416299	0.491399	0.646934	52.55
合肥	0.13935	0.335825	0.302438	0.430582	0.936496	51.62
济南	0.13765	0.340821	0.416818	0.385879	0.665762	44.65
昆明	0.109762	0.243705	0.404963	0.511562	0.6917	43.98
呼和浩特	0.068311	0.182772	1	0.262445	0.855682	38.82
福州	0.155842	0.318051	0.386108	0.407529	0.265553	35.63
南昌	0.080088	0.194077	0.357258	0.317016	0.634928	34.34
蚌埠	0.027216	0.06631	0.174907	0.283124	0.903719	32.42
赣州	0.043183	0.103665	0.150831	0.35342	0.623383	29.83
珠海	0.050042	0.111266	0.687432	0.449065	0.345475	28.06

5. 最终评价城市长期投资潜力的理论模型

（1）城镇化密度的数理模型

一般来说，城市经济规模越大，产业结构中非农产业经济规模占比越大，服务和高科技产业越发达，宜居环境优越，交通运输越便利；而其城区占全市面积的比值越大，则该城市的经济密度也就越大，新建设的房地产需求也比较旺盛。对此，我们建立了一个数理模型。记国内第 k 个城市的城区面积为 S_k，全市面积为 C_k，第 k 个城市的城市经济及城市建设因子 A1（见模型指标体系）得分为 F_k，该城市的城镇经济密度为 UD_k，则可以用有如下表达式：

$$UD_k = \frac{F_k * S_k}{C_k}$$

城镇化密度，描述了一个城市所承载经济规模和发展的量，是一个单量指标，从而使各城市城镇化规模和发展阶段具有城市间的可比性。

城市经济及城市建设因子 A1 得分 F_k 是采用多元回归模型选取公共因子作为入选标准，综合了 B1~B2 这些公共因子，用来反映 k 城市的吸引力和置业支付能力。

（2）人均置业需求强度的数理模型

一般来说，置业人群的数量和占比可以判断一个城市潜在的置业需求，城市高收入群体和适龄置业人口的占比越高，则该城市的人均置业强度也越大。对此我们建立了一个数理模型。记第 k 个城市的常住人口数量为 P_K，采用以上多角度统计的置业人口为 RP_k，则城市的置业人口密度为 RP_k/P_k，记城市人均居住面积为 JS_k，记 k 城市的城市人均置业需求不饱和度为 SD_k，记 k 城市的人均置业需求强度为 SPD_k，可有如下表达式：

$$SPD_k = \frac{RP_k}{P_k} * \frac{UD_k}{SD_k} = \frac{RP_k}{P_k} * \frac{F_k * S_k}{C_k * JS_k}$$

城市人均置业需求强度 SPD_k 描述了 k 城市中人均对购房置业需求的强弱，度量是以人为单位的强度系数，从模型指标体系的 B7 指标来看，是综合了总量指标（如人口规模）和单量指标（如城镇化率）的复合性指标。

（3）新建房地产置业需求强度的数理模型

结合城镇化密度和人均置业强度的数理模型，我们推导一个城市新建房地产置业需求强度的数量模型。记 k 城市新建房地产置业需求强度为 ND_k，则可有如下表达式：

$$ND_k = P_k * SPD_k = RP_k * \frac{F_k * S_k}{C_k * JS_k}$$

最终计算出每个城市新建房地产置业需求强度后，可以排其进行排名，排名靠前的城市即为投资潜力较大的城市，也为投资风险相对小的城市。

（三）基于房地产市场因子中期判断评价体系及实例

在房地产中期指标评判中，我们以房地产市场的供给规模、需求规模、价格表现、供需比较和成长性因子作为评价指标体系。

中期指标评价主要是观察市场近 5 年的供需表现，从如表 7-6 指标进行比较分析。

中期分析的指标 表 7-6

序号	因子	指标
1	市场供给规模	商品房新开工面积
		房地产投资额
		商品房施工面积
2	市场需求规模	商品房销售额
		商品房销售面积
3	价格表现	收入房价比
		房价同比增长速度
4	供需比较	商品房销售额/投资额
		销售面积/施工面积
		销售面积/新开工面积
5	成长性	商品房销售额增长率
		商品房销售面积增长率

下面选择 24 个城市来做范例，以市场供给规模为例，把商品房新开工面积、商品房新开工面积、商品房施工面积进行离差标准化，再按一定的权重计算其平均指数，得出排名（表 7-7）。

24 个城市市场供给规模分析 表 7-7

城市	商品房新开工面积 权重—30%	商品房新开工面积 权重—40%	商品房施工面积 权重—30%	平均指数	排名
重庆	1	1	1	1	1
成都	0.443539	0.682536	0.492075	0.553699	2
武汉	0.346579	0.610529	0.276441	0.431118	3
西安	0.314858	0.501495	0.393487	0.413102	4
苏州	0.346296	0.459339	0.304414	0.378949	5
广州	0.206173	0.632539	0.207824	0.377215	6
天津	0.285306	0.461105	0.350709	0.375247	7
郑州	0.330757	0.44861	0.283284	0.363656	8
杭州	0.167373	0.592125	0.236626	0.358049	9
长沙	0.332227	0.346003	0.270103	0.319100	10
昆明	0.303117	0.394582	0.227734	0.317088	11
福州	0.189637	0.385112	0.206229	0.272805	12
合肥	0.233079	0.329188	0.190551	0.258764	13

城市	商品房新开工面积	商品房新开工面积	商品房施工面积	平均指数	排名
	权重—30%	权重—40%	权重—30%		
南京	0.195492	0.334243	0.160098	0.240374	14
无锡	0.160534	0.337314	0.175384	0.235701	15
青岛	0.173055	0.309028	0.191076	0.232851	16
深圳	0.121538	0.409606	0.075458	0.222941	17
宁波	0.139778	0.33527	0.132109	0.215674	18
呼和浩特	0.199273	0.144823	0.156038	0.164522	19
济南	0.107529	0.193895	0.111297	0.143206	20
南昌	0.087131	0.083067	0.084038	0.084577	21
蚌埠	0.042765	0.054637	0.010305	0.037776	22
珠海	0	0.036084	0.003149	0.015378	23
赣州	0.029218	0	0	0.008765	24

限于篇幅,对其他 4 个因子的计算分析省略,把 5 个因子计算完成后,可以用主成分分析法确定其权重,得出总平均指数。

24 个城市总排名　　　　　　　　　　表 7-8

城市	市场供给规模	市场需求规模	价格表现	成长速度	供求对比	总平均指数	总排名
	0.2369	0.2366	0.1373	0.2042	0.185		
重庆	1	1	0.320446	0.350058	0.513153	0.683912	1
广州	0.377215	0.556523	0.488049	0.613543	0.720369	0.546598	2
成都	0.553699	0.643481	0.546576	0.30364	0.624508	0.536001	3
武汉	0.431118	0.438984	0.396124	0.585949	0.557845	0.483235	4
苏州	0.378949	0.490722	0.250517	0.631117	0.591697	0.478612	5
合肥	0.258764	0.311864	0.453424	0.639901	0.679479	0.453715	6
福州	0.272805	0.325245	0.127745	0.850705	0.626898	0.44881	7
长沙	0.3191	0.349878	0.597513	0.478044	0.580601	0.445442	8
南京	0.240374	0.355086	0.397674	0.614792	0.650533	0.441448	9
赣州	0.008765	0.043164	0.293379	0.874535	1	0.41615	10
南昌	0.084577	0.135201	0.643056	0.627347	0.763994	0.40976	11
西安	0.413102	0.336122	0.530491	0.361356	0.40868	0.399621	12
天津	0.375247	0.426584	0.161111	0.348816	0.586039	0.391592	13
郑州	0.363656	0.290571	0.479264	0.392713	0.389194	0.372895	14
蚌埠	0.037776	0.011093	0.423224	1	0.467548	0.360379	15
杭州	0.358049	0.378993	0.197674	0.341274	0.477166	0.359596	16

城市	市场供给规模	市场需求规模	价格表现	成长速度	供求对比	总平均指数	总排名
	0.2369	0.2366	0.1373	0.2042	0.185		
济南	0.143206	0.128082	0.586014	0.589712	0.496024	0.356873	17
青岛	0.232851	0.200478	0.515698	0.445445	0.494075	0.355764	18
昆明	0.317088	0.191041	0.61082	0.419071	0.291982	0.343775	19
珠海	0.015378	0.039012	0.325129	0.718941	0.736839	0.340637	20
宁波	0.215674	0.151868	0.365891	0.558348	0.295691	0.305979	21
深圳	0.222941	0.28051	0.106912	0.431604	0.43216	0.301946	22
无锡	0.235701	0.169201	0.424645	0.218323	0.362039	0.265733	23
呼和浩特	0.164522	0.004	0.848837	0	0	0.156467	24

长期中期相结合的城市投资价值判断

利用长期、中期的综合判断，将平均指数进行标准差标准化（Z-score），以长期评分的标准化值为纵轴、中期评分的标准化值为横轴，给以上实例中24个城市绘制散点图，可以观察其落点，如图7-6所示。标注为"1"的圈内表示房地产因子和投资价值均较高的城市，有成都、广州、苏州、武汉、重庆、南京；标注为"2"的圈内表示投资价值较高而房地产因子一般的城市，有深圳、天津；其他城市则投资价值和房地产因子均一般，进入这些城市需要调高内部收益率。

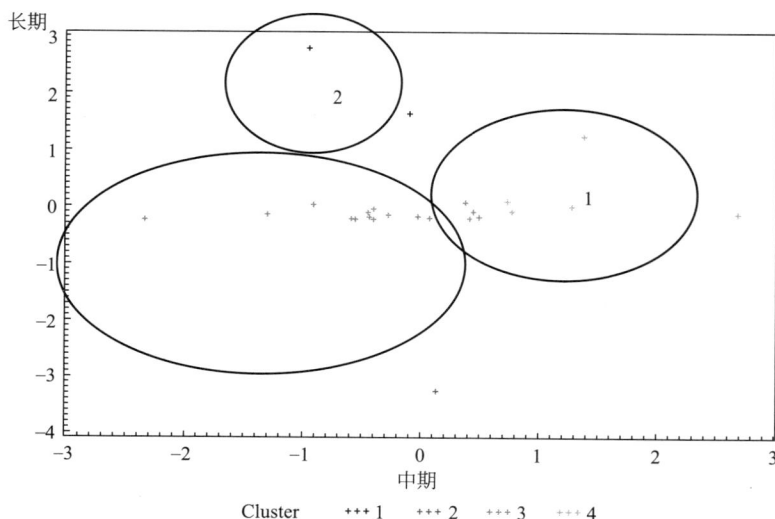

图7-6 24个城市数据散点图

（四）基于房地产市场短期波动的实证研究

销售供给比是房地产重要的指标之一，能够直观显示市场去存货节奏的快慢。若销售供给比太大，则说明供过于求，去化速度慢，库存压力大；若销售供给比太小则表示供不应求，库存压力小。销售供给比计算公式为：销售供给比=1年内的商品房成交面积/1年内的新增商品房供应面积。

由于销售供给比只是反映一个当期的供求关系的情况，并没有将历史存量考虑进去，所以为了更加客观地反映每个城市的情况，我们采用存货去化周期法，计算公式为：存货去化周期=（年终的库存面积（或者可售面积））/（最近6个月的平均成交面积）。

表7-9为2016年6月计算的33个城市存货去化周期。

2016年33个城市存货去化周期　　　　　　　表7-9

城市	存货去化周期（月）	城市	存货去化周期（月）	城市	存货去化周期（月）
1. 合肥	3.5	12. 重庆	6.7	23. 无锡	11.5
2. 南京	3.8	13. 东莞	7.0	24. 南宁	12.3
3. 惠州	3.8	14. 厦门	7.1	25. 常州	14.4
4. 苏州	4.0	15. 福州	7.8	26. 长春	15.0
5. 上海	4.1	16. 南通	8.5	27. 贵阳	15.4
6. 南昌	4.9	17. 广州	9.2	28. 长沙	16.1
7. 武汉	5.4	18. 太原	9.8	29. 沈阳	17.5
8. 郑州	5.8	19. 北京	10.1	30. 西安	18.9
9. 济南	6.2	20. 宁波	10.3	31. 烟台	24.9
10. 杭州	6.5	21. 青岛	10.6	32. 泉州	26.7
11. 深圳	6.6	22. 天津	11.0	33. 大连	28.2

（五）综合长中短期指标因子的比较分析

以下根据上述长期、中期、短期指标评价方法及实证结果，摘取部分城市所属的类型，可以利用110快速判断模型进行判。表7-10中的1或0的记号已经在城市长中短期的110价值判断模型中介绍了。

（1）长期因子比较结果

长期因子比较结果　　　　　　　表7-10

1			0				
北京	大连	长沙	重庆	呼和浩特	西宁	九江	三亚
上海	宁波	福州	东莞	烟台	银川	平顶山	泸州

1			0			
广州	苏州	合肥	石家庄	温州	秦皇岛	宜昌	南充
深圳	无锡	唐山	南昌	泉州	丹东	襄樊	遵义
天津	济南	淄博	乌鲁木齐	包头	锦州	岳阳	大理
南京	哈尔滨	常州	昆明	邯郸	吉林	常德	
武汉	长春	洛阳	太原	徐州	牡丹江	惠州	
沈阳	厦门		兰州	济宁	扬州	湛江	
西安	佛山		贵阳	南通	金华	韶关	
成都	青岛		南宁	赣州	蚌埠	桂林	
杭州	郑州		海口	安庆	北海		

（2）综合长中期因子比较结果（表7-11）

综合长中期因子比较结果　　　　　　表 7-11

11		10	01		00		
北京	苏州	深圳	重庆	锦州	石家庄	银川	襄樊
上海	无锡	大连	东莞	扬州	乌鲁木齐	秦皇岛	常德
广州	哈尔滨	宁波	南昌	岳阳	昆明	丹东	湛江
天津	佛山	济南	太原	惠州	南宁	吉林	韶关
南京	郑州	长春	兰州		呼和浩特	牡丹江	桂林
武汉	长沙	厦门	贵阳		烟台	金华	北海
沈阳	合肥	福州	泉州		温州	蚌埠	三亚
西安	唐山	洛阳	包头		徐州	安庆	泸州
成都	淄博		邯郸		南通	九江	南充
杭州	常州		济宁		海口	平顶山	遵义
青岛			赣州		西宁	宜昌	大理

（3）综合长中短期因子比较结果（表7-12）

综合长中短期因子比较结果　　　　　　表 7-12

111	110	101	100	011	010	001	000
天津	北京	深圳	大连	兰州	东莞	昆明	南宁
沈阳	上海	宁波	厦门	贵阳	南昌	烟台	西宁
西安	广州	济南	福州	泉州	太原	徐州	九江
杭州	南京	长春		济宁	惠州	南通	宜昌
青岛	武汉	洛阳		扬州		海口	北海
苏州	成都					三亚	

续表

111	110	101	100	011	010	001	000
无锡	郑州					遵义	
佛山							
长沙							
合肥							
常州							

（六）部分城市诊断结论

除了用标准差标准化（Z-score）把指数平均值设为 0 的方法外，也可以求取一项平均指数的平均值用为临界值来作判断，有的是以幅度来作判断是基于理论上的主观赋值，可以把每个城市的长中短期的评价指数和平均线进行比较，以下短期指标采用供应销售比指标，仅以青岛、长沙、济南、武汉、西安在 2016 年中期所作比较为例进行简要点评。

1. 青岛（111）：青岛是山东省最大的经济城市，开放程度高、经济活力强、创新能力足，具备北方深圳的气质，对高端人才具备一定的吸引力（表 7-13）。

青岛结果　　　　　　　表 7-13

指标	2014 年	2015 年	2016 年	临界值
长期（投资价值指标）		42.6		大于 40
城镇经济密度		1.56		大于 1
人均置业需求强度		2.35		介于 1~2
中期（房地产市场指标）		61.87		大于 55
销售额/投资额	0.75	0.82	0.48	大于 0.8
销售面积/施工面积	0.26	0.27	0.16	大于 0.25
销售面积/新开工面积	1.2	0.83	0.63	大于 0.5
短期（波动指标）		1.34		小于 0.95

2. 济南（010）：济南中期和短期指标较好，长期指标不如青岛，城市进入优先级位于同样在山东省内的青岛之后，建议企业在具体项目的内部财务测算中，以内部收益率（IRR）大于 15% 为选择标准之一（表 7-14）。

济南结果　　　　　　　表 7-14

指标	2014 年	2015 年	2016 年	临界值
长期（投资价值指标）		37.4		大于 40
城镇经济密度		0.73		大于 1

指标	2014 年	2015 年	2016 年	临界值
人均置业需求强度	0.82			介于 1~2
中期(房地产市场指标)	52.8			大于 55
销售额/投资额	0.56	0.68	0.56	大于 0.8
销售面积/施工面积	0.21	0.22	0.21	大于 0.25
销售面积/新开工面积	0.66	0.84	0.84	大于 0.5
短期(波动指标)	0.68			小于 0.95

3. 长沙 (111): 长沙长期指标相对较低, 在中期房地产指标较好, 短期指标较正常说明目前房地产发展平稳, 适合以特色或差异化的产品进入 (表 7-15)。

长沙结果   表 7-15

指标	2014 年	2015 年	2016 年	临界值
长期(投资价值指标)	42.6			大于 40
城镇经济密度	1.56			大于 1
人均置业需求强度	2.35			介于 1~2
中期(房地产市场指标)	61.87			大于 55
销售额/投资额	0.75	0.82	0.48	大于 0.8
销售面积/施工面积	0.26	0.27	0.16	大于 0.25
销售面积/新开工面积	1.2	0.83	0.63	大于 0.5
短期(波动指标)	1.34			小于 0.95

4. 武汉 (110): 作为中部重要城市, 长期指标较好, 短期指标极低, 说明去化极快, 库存告急 (表 7-16)。

武汉结果   表 7-16

指标	2014 年	2015 年	2016 年	临界值
长期(投资价值指标)	57.3			大于 40
城镇经济密度	0.78			大于 1
人均置业需求强度	1.09			介于 1~2
中期(房地产市场指标)	65.38			大于 55
销售额/投资额	0.61	0.66	0.56	大于 0.8
销售面积/施工面积	0.27	0.28	0.24	大于 0.25
销售面积/新开工面积	0.87	0.85	1.06	大于 0.5
短期(波动指标)	0.2			小于 0.95

5.西安（111）：西安作为北方主要城市，长期经济潜力较好，中短期发展健康（表7-17）。

西安结果 表 7-17

指标	2014 年	2015 年	2016 年	临界值
长期(投资价值指标)		46.9		大于 40
城镇经济密度		1.1		大于 1
人均置业需求强度		1.2		介于 1-2
中期(房地产市场指标)		63.9		大于 55
销售额/投资额	0.67	0.6	0.46	大于 0.8
销售面积/施工面积	0.17	0.18	0.12	大于 0.25
销售面积/新开工面积	0.61	0.79	0.66	大于 0.5
短期(波动指标)	1			小于 0.95

二、基于商业地产市场因子中期、短期判断评价体系

在房地产中期指标评判中，我们以商业地产市场的供给规模、需求规模、价格表现、供需对比和成长性建立评价指标体系。

在房地产短期指标判断中，我们采用"商业地产销供比"结合"人均商业面积"判断商业地产市场的短期波动。

（一）基于旅游维度的城市房地产长期投资价值理论模型

在综合模型基础之上增加旅游维度的因子指标 表 7-18

二级因子	三级指标
旅游因子	接待海内外旅游者人数
	旅游收入占 GDP 比例
	旅游创汇收入
	5A 级景区数量
	住宿和餐饮业零售额
	A 级及以上旅游景点数量
	星级饭店数量

基于旅游维度的城市房地产长期投资价值样本城市排名 表 7-19

排名	城市	得分	排名	城市	得分	排名	城市	得分
1	上海	6.17	3	广州	3.85	5	天津	3.15
2	重庆	4.6	4	苏州	3.68	6	杭州	2.96

排名	城市	得分	排名	城市	得分	排名	城市	得分
7	武汉	2.78	20	烟台	1.72	33	金华	1.49
8	成都	2.75	21	郑州	1.71	34	济南	1.48
9	南京	2.66	22	宜昌	1.67	35	东莞	1.37
10	西安	2.29	23	佛山	1.67	36	合肥	1.36
11	无锡	2.23	24	长春	1.66	37	南通	1.34
12	洛阳	2.15	25	海口	1.66	38	九江	1.34
13	大连	2.04	26	福州	1.58	39	石家庄	1.32
14	长沙	2.	27	常州	1.56	40	南宁	1.28
15	沈阳	1.95	28	哈尔滨	1.55	41	太原	1.16
16	宁波	1.94	29	泉州	1.54	42	徐州	1.13
17	青岛	1.93	30	温州	1.54	43	赣州	1.06
18	厦门	1.81	31	扬州	1.51	44	兰州	1.04
19	桂林	1.8	32	昆明	1.5	45	南昌	1

（二）基于产业维度的城市房地产长期投资价值理论模型

在综合模型基础之上增加产业维度的因子指标　　表 7-20

二级因子	三级指标
产业维度	规模以上工业企业数量
	规模以上工业增加值
	资金总量
	技术合同交易金额
	住宿和餐饮业零售额
	高新技术企业数量
	高等院校数量

基于产业维度的城市房地产长期投资价值样本城市排名　　表 7-21

排名	城市	得分	排名	城市	得分	排名	城市	得分
1	上海	3.93	9	温州	1.21	17	济南	1.98
2	广州	2.73	10	无锡	2.21	18	烟台	1.41
3	天津	3.88	11	南京	1.69	19	长春	0.9
4	宁波	2.13	12	武汉	1.17	20	金华	0.88
5	西安	1.35	13	沈阳	2.13	21	郑州	1.35
6	重庆	1.84	14	哈尔滨	1.06	22	长沙	1.34
7	苏州	1.32	15	青岛	1.05	23	福州	0.83
8	杭州	1.31	16	成都	1.02	24	石家庄	0.82

排名	城市	得分	排名	城市	得分	排名	城市	得分
25	常州	0.8	30	昆明	0.71	35	徐州	0.56
26	海口	0.77	31	南通	0.7	36	赣州	0.56
27	扬州	0.77	32	厦门	0.66	37	九江	0.48
28	洛阳	0.74	33	南昌	0.63	38	宜昌	0.46
29	太原	0.73	34	合肥	1.12	39	南宁	0.42

第八章
基于企业自身因子的城市对照研究

————

　　前面两章介绍了单纯从城市自身表征上来测评城市的房地产投资潜力（或吸引力），这对于那些各方面条件都具备优势的房地产开发企业而言，是简单而行之有效的，但是现实是大多数房地产开发企业有其自身的优劣组合、投资偏好、战略取向等因素，光从指数上反映城市优劣是枯燥而空洞的，公认的好城市竞争门槛过高，很多房企望尘莫及，战略选择势必要对照自身、量力而为，因此本章就企业自身因素来探讨匹配进入城市的问题。

一、全国房地产大形势背景

　　从 1998 年到 2017 年，中国的房地产行业市场化之路已走过 20 年。在这 20 年间，一幢幢高楼平地而起，不仅见证着中国人生活质量的提高，也见证着城市的振兴与崛起，中国城市新的发展格局正在形成。城市间的角力与比拼，背后依托的是经济与产业实力的博弈。2016 年，中国 GDP 总量达到 74.4 万亿元，同比增长 6.7%，虽然第三产业增加值占比已超过 50%，但工业化仍是我国经济发展的主要推动力，当前，面对发达国家"再工业化"与东南亚国家的低成本优势，中国产业经济转型迫在眉睫。

　　经济增长来源于生产要素投入的增加和全要素生产率的提高，因此中国的产业结构优化之路，一方面体现在发达城市与落后城市间的产业横向转移；另一方面则是依靠技术进步、生产创新实现的制造业就地升级。传统工业化带来的经济增长边际效应减弱，后工业化时代已经到来，在这场产业结构升级的革命中，中国城市的格局也迎来重塑机遇。

　　东部沿海城市人口数量红利殆尽，产业结构必须向依靠创新与改革的高端结构升级，而东部原有的传统产业也将进行国内城市间的横向转移，这种转移不仅包括沿海发达城市向中西部城市的转移，还包括核心大城市向周边卫星城或相邻城市的外溢，正是由于这种产业在城市之间的变迁，推动了资本与就业岗位的转移，从而带来了人口的加速流动，西部核心城市也迎来新的发展契机，东部大城市与周边城市的联系更加密切，城市发展迈入都市圈与城市群发展的阶段。

如果把目光聚焦到房地产市场，我们会发现，2016 年持续走高的中国房地产市场从区域的角度也可以用"分化"来概括。核心大城市仍然是房地产市场最主要的需求集中区域，具有产业基础的城市在这一轮周期中需求得到充分释放；另一方面，核心大城市周边的三四线城市显然正成为溢出需求的主要承载地，都市圈与城市群的形态在房地产市场也渐成趋势。正是基于中国城市发展的特征出现如此变化，房地产的投资策略也随之发生改变，更多的房地产开发商、金融机构把深耕布局的视角聚焦到城市群范畴上。

截至 2017 年，全国 35 个大中城市仍是中国房地产市场最为重要的组成部分，但一线城市市场份额呈下降趋势，一线城市由于经济发展水平高、发展前景看好、市场辐射力强，在当前全社会货币流动性充裕的背景下，仍将拥有强劲的市场需求。

但在一线城市土地价格大幅上涨、购房负担明显高于二三城市，以及国际金融危机对沿海省市经济长期发展带来严峻挑战的大背景下，寻找经济增长强劲、房地产市场辐射力强、居民购房负担轻的二三线城市对于开发企业的持续发展能力有着重要的意义。

随着中国房地产市场的快速发展，房地产市场向二三线城市扩展的趋势十分明显，合肥、长沙和重庆等二三线城市房地产市场近年来发展速度明显快于一线城市，值得各大开发企业重点关注。

1. 经济环境已变，行业进入新常态，城市研究价值凸显

经济增速换挡，外部环境趋于复杂：当前中国经济发展已步入"新常态"，这不仅表现为增速放缓，也表现为结构调整以及风险暴露。2015 年，中国 GDP 增速首次低于 7%，2016 年增速下行趋稳，为 6.7%，但目前人力资本、科技创新和结构升级等新动能尚未成型，随着"三降一去一补"继续推进和供给侧改革的持续深化，经济下行压力较大。同时，2017 年外部环境更趋复杂，发达国家经济复苏状况并不明朗，加之英国脱欧、特朗普当选美国总统等"黑天鹅"事件频发，中国将面临更加复杂的国际政治经济环境，经济存在继续探底的可能性。

行业由高速增长迈入稳步发展阶段：回顾过去，房地产行业在中国经济高速增长的过程中始终扮演着重要的角色，尤其是 2003 年以来，房地产业被确立为国民经济支柱产业，行业发展历经黄金十年，市场扩张性增长并渐趋

成熟。从中国目前以及未来经济增长的角度来看，房地产业的高速增长已接近尾声，增速趋于平稳。新的发展阶段下，随着人口及资本集聚效应进一步凸显，中国房地产行业分化格局将进一步加剧，过去粗放的开发投资模式难以持续，未来只有对城市、业务和产品进行科学的研究和评价，才能更好地发现城市价值，把握拿地投资节奏。

2. 城市群效应显现，城市分化加剧

我国"十三五"规划提出"加快城市群建设发展"，城市群将成为中国未来城镇化的主要形态，未来的生产力布局和新的经济增长点都将围绕城市群进行，同时由于城市群内部分工定位不同，城市发展阶段不同、需求不同导致出投资价值的明显差异，以城市群视角进行城市价值的解读成为城市研究的必然趋势。

此外，2016年以来，城市间房地产市场表现也印证了上述结论，城市市场分化趋势进一步加剧，其中，重点一二线及城市群核心城市辐射范围内的三四线城市表现良好，发展潜力较大。

（1）一二线重点城市：一线城市具备较好的人口和资本吸附力，市场需求持续旺盛；二线城市中南京、苏州等强二线城市需求大量释放但供应不足，市场热度较高；武汉、郑州等二线城市，因在区域内具备良好的城市基础和人口吸附能力，内生性需求较为旺盛，市场表现突出。办公楼方面，一线城市和东部沿海城市占据绝对优势地位。除重庆和成都外，热点城市仍主要集中在东部沿海。

（2）大都市辐射周边城市：昆山、东莞、惠州、廊坊等城市处在长三角、珠三角及京津冀三大主要城市群的核心城市辐射范围内，具备明显的区位优势，积极承接核心城市的外溢需求，房地产市场热度明显高于其他三线城市，甚至超过中西部的一些普通二线城市。

（3）一些上升快的二三线城市：合肥、长沙和重庆等二三线城市房地产市场近年来发展速度明显快于一线城市，东部地区的也有一些三线城市得到的更快速的发展，如泉州、芜湖、南通等。

二、房地产企业城市选择的背景

当下的中国房地产行业，主要面临着房地产调控向纵深发展、房地产行业经营模式从粗放向精细化转变、经济发展不均衡长期存在使得企业战略区域差异化的大环境背景，城市进入不仅仅是投资，更是企业战略行为，城市进入的选择或将左右企业未来的市场地位。

1. 一线城市市场日趋成熟、调控力度加强，迫使企业转变开发经营思路

2010以来，中央出台了一系列房地产调控政策，且调控力度不断加强，从而使得北京、上海等多数重点城市成交量显著下降，且成交价格涨幅也明显缩小。同时，经历了20多年的发展，我国房地产市场已经由此前的快速发展阶段逐步向稳定成熟阶段过渡。因此，房地产开发企业必须改变以往粗放式开发经营模式，专业化精细耕作经营或将成为企业继续发展壮大的重要法宝，这也意味着企业在选择城市进入和区域开发方面将变得更加谨慎。

2. 城市进入不仅仅是投资行为，更是战略行为

城市进入的理解主要有下列几条：

（1）城市战略进入差异将是新形势下开发企业未来较量的关键，是企业成长速度的决定性因素之一；

（2）城市战略进入应试图谋求城市与企业的契合；

（3）城市进入必须在效益和效率之间取得最佳平衡；

（4）城市战略要做到"天时、地利、人和"（时机、城市、企业）；

（5）城市战略要处理好投资拓展部门与战略发展部门协同关系，投资拓展部门应更深刻的影响企业区域发展战略。

三、城市进入选择的企业战略和基本研究方法

（一）房地产开发企业的城市进入选择战略

房地产开发企业在城市进入选择上的战略主要为以下3种：

（1）第一阵营，领先企业及少量强挑战者，委托或联合第三方研究机构，进行区域发展战略与城市投资的专门研究；

（2）第二阵营，结合内部和外部的研究以及跟随第一阵营企业的选择；

（3）第三阵营，作为跨地区投资的房企剑走偏锋，专作某一类城市或产品，或者作为当地生长起来的企业基地良好的本地关系和经验而独居一方。

（二）城市投资吸引力研究的基本逻辑

我们长期研究各个城市的房地产投资潜力，综合了各家研究机构的城市评价模型，一般来说有3个同通性的问题需要说明：

第一个是划城市线级。关于城市划线级的标准要事先作出说明，因为不少城市属于几线在不同人看来难以达成一致意见，广州和佛山、西安和咸阳

类似同城的区域，佛山的能级早该位列二线城市名单，将来还有东莞之于深圳，也是二线城市位列名单，比如可以用近3年商品房销售额平均值来分段，如果把200亿~500亿元定为三线城市，比如潮州就不在三线城市名单里，当然将来这个范围值会变化。

第二个是城市测度的因素，测度哪些方面要作出说明，比如有市场容量、升值潜力或者稳健性等方面，比如用市场容量方面来测度，如潮州市2016年常住人口仅为264.60万，商品房销售面积仅为100.91万平方米，销售金额仅为55.29亿元，往年的数据平均下来在地级市中属于四线城市，相比排除掉无为县人口和商品房销售数据的芜湖市，人口约为245万，而商品房销售面积高达657.11万平方米，销售金额为361.69亿元，就是说这两个区域虽然人口差不多，而"芜湖"的市场容量是潮州6倍多，芜湖在市场容量上算得上三线城市，而市场容量过小的潮州从我们研究的长期综合指数来看也不是极速追赶的市场。测度的方面主要有5点：

（1）城市房地产市场的规模。市场规模越大，就拥有更多的市场机会、市场缝隙，那么也就意味着具有更大的开发投资吸引力；

（2）增长速度。一个城市房地产市场的发展速度越快，越利于新的投资者进入，对投资者的吸引力也就越大；

（3）潜在需求。城市房地产市场与宏观经济关系紧密，宏观经济状况良好、人民收入较高的城市，对商品房的需求越多，市场空间越大；

（4）供求状况。根据经济学中的供需理论，任何商品的价格（价格越高，越有利于投资者获取更高利润）都是由这两条曲线所决定的，城市房地产开发投资吸引力也不例外，一个城市的房地产市场潜在需求越大而市场潜在供给越小，房地产开发投资吸引力越大。除此之外，随着房地产市场的日趋成熟，供求制衡不断稳定，投资环境也得到越来越多投资者的关注。

（5）投资营商环境。也许一个城市的市场空间很大，但是房地产投资整个过程能否顺利完成还受到当地投资营商环境的影响，虽然进入了一个成长性好、空间大的城市，但这个城市的制度成本、政府治理如果有相当大的问题，也可能造成整个开发过程中遇到各种阻力和麻烦，最终并不能获得理想的回报。

第三个是在不同投资环境的侧重点要予以注明，侧重点不同会得到不同的评价结果，诸如业界大咖在自媒体上推荐的那些人所共知的好城市，把稳健性作为重要考量是合适的，至于说升值潜力嘛，人们都看好的东西价格势必高估，有独到眼光发现价格洼地的人才能赚到大钱。一般来说，在经济乐观期可能把地区成长性指标的权重设大一些，而在经济悲观期会把现状指标的权重设大一些，是符合大多数房企的战略选择偏好的。把现状指标的权重设大一些则体现稳健性的重要，求稳健的房企可能退守一二线城市，而把地区成长性指标的权重设大一些则能体现升值潜力或市场消化速率的重要，追求成长性市场的房企可能扩张到三四线城市，这是在不同投资环境下所采取的不同战略。

四、房地产企业的城市、区域匹配

（一）房地产开发企业自身评价因素

每个房地产开发企业有很多方面的表征，但要提高解决问题的效率，必须把重要的因素进行提炼，我们主要是选择那些明显影响城市进入决策的自身因素，包括企业规模、企业风格、融资能力、产品竞争力、主要产品来进行企业属性比较，以便于匹配不同的城市，甚至进一步匹配到区域和项目。例如企业规规模因素，房企过大的规模可能不会选择进入那些县域地区，因为大企业的管理总成本较高，分摊到一个小城市的小项目后不经济，而企业规模较小，可能难以进入一线城市进行竞争。再比如主要产品因素，有的企业专门做健康疗养类项目，城市选择就限定了那些自然养生资源较好的区域，推荐综合指数高的城市给他们并不合适。

1. 因素描述

（1）企业规模：在此以企业最近年度商品房销售额来衡量，也可以用企业总资产来衡量。

（2）企业风格：指企业在负债、土地储备、城市和区域扩张方面的特点。一般来说，高负债、高土地储备、进入三四线城市多的和进入远离主流开发区域的企业较为激进。

（3）融资能力：主要是指企业在银行融资、债券融资、股票市场融资方面的能力，也包括部分企业所获得的股东支持因素。

（4）产品竞争力：主要看企业所开发产品的价格水平，包括绝对价格水平和其在所在城市的相对价格水平；也指溢价能力。

（5）企业主要产品：影响了企业对目标城市的选择；还表现在规模、档次方面，可与产品竞争力结合起来判断。

2. 各因素的表征划分

每个因素在具体的某个企业总有属于他的一个表征，不同的表征会影响到每个企业匹配城市因素的权重取值。表 8-1 所列仅为示范，在不同时期，可能需要对企业规模的分段设置进行变更，如下年度销售额作为企业规模的表征划分是假设在不同销售额段之中的房企对城市进入及区块选择具有不同影响的前提下来进行的，需要进行实证研究。

企业规模	企业风格	融资能力	产品竞争力	主要产品
500 亿元以上	激进	强	强	普通住宅
200 亿~500 亿元	偏激进	偏强	偏强	别墅
100 亿~200 亿元	中性	中	中	大型居住社区
50 亿~100 亿元	偏稳健	偏弱	偏弱	商业地产
50 亿元以下	稳健	弱	弱	综合

（二）研究流程——企业与城市匹配

1. 主要步骤

第一步：对参与城市评选的相关指标因子数据进行搜集和整理；

第二步：通过运用因子分析法和方差基准法对城市开发投资吸引力进行多维度评价；

第三步：根据不同特征企业对所有城市不同指标的偏好赋相应权重，并综合筛选城市和区域；

第四步：对选定的开发企业配对相应的城市和区域。

2. 企业与城市匹配方法说明

把企业因素和城市因素分别列入横纵栏可得到一个对照表（表8-2），在这个表内可以结合房地产企业的实际来进行权重的赋值。

企业因素和城市因素的交叉对照表 表8-2

城市测评因素	企业规模=X	权重	风格=Y	权重	融资能力=Z	权重	产品竞争力=P	权重
潜在需求（对某一城市）=i	500 亿元以上		激进		强		强	
	500 亿~200 亿元							
	200 亿~100 亿元	X_i	中性	Y_i	中	Z_i	中	P_i
	100 亿~50 亿元							
	50 亿元以下		稳健		弱		弱	
成长速度（对某一城市）=j	500 亿元以上		激进		强		强	
	500 亿~200 亿元							
	200 亿~100 亿元	X_j	中性	Y_j	中	Z_j	中	P_j
	100 亿~50 亿元							
	50 亿元以下		稳健		弱		弱	

城市测评因素	企业规模=X	权重	风格=Y	权重	融资能力=Z	权重	产品竞争力=P	权重
供求对比（对某一城市）=k	500亿元以上	X_k	激进	Y_k	强	Z_k	强	P_k
	500亿~200亿元							
	200亿~100亿元		中性		中		中	
	100亿~50亿元							
	50亿元以下		稳健		弱		弱	
市场规模（对某一区域）=l	500亿元以上	X_i	激进	Y_i	强	Z_i	强	P_i
	500亿~200亿元							
	200亿~100亿元		中性		中		中	
	100亿~50亿元							
	50亿元以下		稳健		弱		弱	

系数对应的取值范围划定（以城市潜在需求得分为例）　　　　表8-3

	1	2	3	4
$i=1、2、3、4$	潜在需求得分在70分以上	潜在需求得分在50~70分	潜在需求得分在30~50分	潜在需求得分在30分以下
$j=1、2、3、4$	成长速度得分在70分以上	潜在需求得分在50~70分	潜在需求得分在30~50分	潜在需求得分在30分以下
$k=1、2、3、4$	潜在需求得分在70分以上	潜在需求得分在50~70分	潜在需求得分在30~50分	潜在需求得分在30分以下
$l=1、2、3、4$	潜在需求得分在70分以上	潜在需求得分在50~70分	潜在需求得分在30~50分	潜在需求得分在30分以下

注：

X_i、X_j、X_k、X_l分别对应某一确定企业规模下的潜在需求、成长速度、供求对比和市场规模权重系数；

Y_i、Y_j、Y_k、Y_l分别对应某一确定企业风格下的潜在需求、成长速度、供求对比和市场规模权重系数；

Z_i、Z_j、Z_k、Z_l分别对应某一确定企业融资能力下的潜在需求、成长速度、供求对比和市场规模权重系数；

P_i、P_j、P_k、P_l分别对应某一确定企业产品竞争力的潜在需求、成长速度、供求对比和市场规模权重系数。

$X_m+Y_m+Z_m+P_m=1$，其中 m=I，j，k，l。

$N_i+N_j+N_k+N_l=1$，其中 N=X，Y，Z，P。

企业指标赋权调整原则

（1）企业规模

企业规模越大，它的综合实力越强，它对各项指标就越不敏感；企业规模越小，越不能进入规模较大的市场，以避免通常会出现的激烈竞争和较高门槛。

（2）企业风格

企业风格越激进，它对各项指标就越不敏感；稳健的企业对于供求关系较为敏感。

（3）融资能力

企业融资能力越强，它对各项指标就越不敏感；融资能力较弱的企业对市场供求关系较敏感。

（4）产品竞争力

产品竞争力越强的企业，它对各项指标越不敏感；产品竞争力较弱的企业偏好于供求关系较好、避开规模较大的市场。

（5）主要产品类型

产品中，开发豪宅和商业地产的企业对于市场规模和潜在需求高度敏感，开发其他的产品类型企业对于各项指标较不敏感。

企业与城市匹配（示范）　　　　　　　　　　　　表 8-4

规模	风格	融资能力	产品竞争力	主要产品	企业	潜在需求	成长速度	供求对比	市场规模
			基准权重			25%	25%	25%	25%
500亿元以上	中性	中等	强	住宅	绿城	30%	25%	25%	20%
	中性	强	强	住宅	万科	25%	25%	25%	25%
	激进	中等	中等	住宅		30%	25%	25%	20%
		弱	强	住宅		30%	20%	30%	20%
500亿~200亿元	稳健	强	强	综合		25%	20%	25%	30%
	中性	中等	强	住宅		30%	25%	25%	20%
		强	强	住宅		30%	20%	20%	30%
				商业		35%	15%	15%	35%
200亿~100亿元	稳健	弱	中等	住宅		25%	25%	25%	25%
			强	豪宅		35%	15%	15%	35%
		强	中等	住宅		30%	20%	30%	20%

					潜在需求	成长速度	供求对比	市场规模
200亿~100亿元	中性	弱	中等	综合	25%	25%	30%	20%
	激进	中等	强	住宅	30%	25%	25%	20%
100亿~50亿元	稳健	弱	中等	住宅	25%	25%	30%	20%
50亿元以下	中性	弱	弱	住宅	15%	30%	40%	15%
	…	…	…	…				

3. 企业与区域匹配方法说明

区域评价指标是对一些房企投资的实际选择进行实证研究，基于经济理论和研究人员的主观判断，最后总结而来。

区域评价指标 表8-5

因子	指标及打分
区位因子	与中心城区的远近(以环线或路程,比如3km同心圆为一层级)
	交通便捷度(针对区域内地铁线路和站点、公交线路的多少或距离高架和交通枢纽的远近进行打分赋值)
	核心功能定位(按照商业、居住、工业或城市商业中心、副中心和社区商业进行分类与打分)
市政规划与配套因子	产业发展规划(按照国家级、省级、市级和区级以及对房地产发展的影响程度进行分类和打分)
	现在或未来建设学校数量与等级(进行赋值和打分)
	现在或未来建设医院数量与等级(进行赋值和打分)
	现在或未来建设商场数量与等级(进行赋值和打分)
潜在需求因子	人口总数及增速(一般为常住人口)和净流入量
	地均GDP
	收入中位数水平
	主要潜在购房客群(针对学历、购房偏好、年龄分布进行分类和打分,比如年龄在20~40岁左右比重越大则分值相应越高)
居住环境因子	人口密度
	绿化率
	周边是否存在化工厂、煤气厂和垃圾焚烧厂等污染源
	负氧离子浓度

因子	指标及打分
楼市结构与占比因子	区域主流产品分布(针对区域类公寓、别墅以及商业和写字楼的占比进行分类)
	区域房地产投资额占比及增速(一般来说比重越大、分值越高,则该指标分值相对较高)
	区域成交量占比及增速
	区域成交价格档次(与全市相比)
	区域价格增幅(与全市其他区域对比)
特殊因子	历史人文和自然景观等级(分一、二、三、四等数个等级进行打分)
	区域文化氛围
	区域是否有山水生态资源

企业因素和区域因素交叉对照表 表 8-6

城市测评因素	企业规模 =X	权重	风格 =Y	权重	融资能力 =Z	权重	产品竞争力=P	权重
区位(对某一区域)= i	500 亿元以上	X_i	激进	Y_i	强	Z_i	强	P_i
	500 亿~200 亿元							
	200 亿~100 亿元		中性		中		中	
	100 亿~50 亿元							
	50 亿元以下		稳健		弱		弱	
市政规划与配套(对某一区域)= j	500 亿元以上	X_j	激进	Y_j	强	Z_j	强	P_j
	500 亿~200 亿元							
	200 亿~100 亿元		中性		中		中	
	100 亿~50 亿元							
	50 亿元以下		稳健		弱		弱	
居住环境(对某一区域)= k	500 亿元以上	X_k	激进	Y_k	强	Z_k	强	P_k
	500 亿~200 亿元							
	200 亿~100 亿元		中性		中		中	
	100 亿~50 亿元							
	50 亿元以下		稳健		弱		弱	
楼市结构与占比(对某一区域)= l	500 亿元以上	X_i	激进	Y_i	强	Z_i	强	P_i
	500 亿~200 亿元							
	200 亿~100 亿元		中性		中		中	
	100 亿~50 亿元							
	50 亿元以下		稳健		弱		弱	

X_i、X_j、X_k、X_l 分别对应某一确定企业规模下的区位、市政规划与配套、居住环境和楼市结构与占比权重系数;

Y_i、Y_j、Y_k、Y_l 分别对应某一确定企业风格下的区位、市政规划与配套、居住环境和楼市结构与占比权重系数；

Z_i、Z_j、Z_k、Z_l 分别对应某一确定企业融资能力下的区位、市政规划与配套、居住环境和楼市结构与占比权重系数；

P_i、P_j、P_k、P_l 分别对应某一确定企业产品竞争力的区位、市政规划与配套、居住环境和楼市结构与占比权重系数。

$X_m+Y_m+Z_m+P_m=1$，其中 m = I，j，k，l。

$N_i+N_j+N_k+N_l=1$，其中 N = X，Y，Z，P。

五、一城一产一企一策

（一座城市、一个对应产业模式、一家区域企业、一个选地对策）

中国幅员辽阔，在这片 960 万平方公里的土地上，存在三百余个城市，按照 200 万人口的标准，中国大城市数量为 53 座，约占全球大城市总数的四分之一，且城市特征迥异，最大的城市那曲市达到 43 万平方千米，平均海拔 4500 米以上，也是中国海报最高的城市，最小的城市三沙仅 10 平方千米，而中国最低的天津的平均海拔只有 3.3 米，大约是一层楼的高度。除了地理差异，经济差异更是天壤之别，根据 2017 年数据，上海以 30133 亿元 GDP 规模位居全国之首，是 GDP 排名 300 的张掖市的 74 倍，内蒙古的鄂尔多斯的人均 GDP 高达 22 万元，而甘肃的定西市人均 GDP 仅为 1.2 万元。

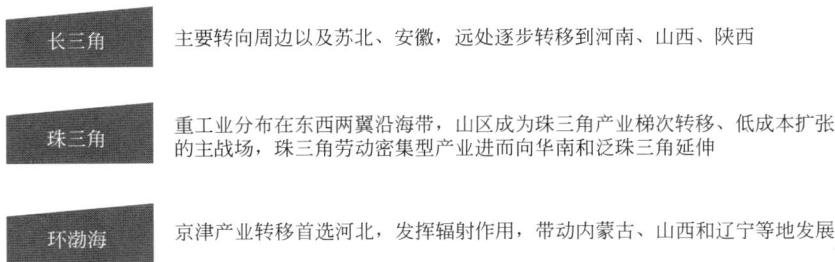

长三角	主要转向周边以及苏北、安徽，远处逐步转移到河南、山西、陕西
珠三角	重工业分布在东西两翼沿海带，山区成为珠三角产业梯次转移、低成本扩张的主战场，珠三角劳动密集型产业进而向华南和泛珠三角延伸
环渤海	京津产业转移首选河北，发挥辐射作用，带动内蒙古、山西和辽宁等地发展

图 8-1　国内产业转移方向

对于城市而言，经济发展是企业的核心关注点，产业的发展状况又直接影响整体经济发展，而城市主导产业是产业的领头军，是辅助周边产业、拉动经济增长的重要因素。不同地理尺度包括地级市、县级市、建制镇，提出合适的进入方式，包含进入模型以及资源整合方式，上面我们已经进行了深入的分析和讲解（图 8-2）。我们通过分析城市产业的结构，龙头产业的发展，掌握城市未来发展的核心动力，以及国内不同产业发展阶段区域之间产生的产业河流问题。我国地域面积大，资源禀赋条件各异，地区之间经济发展不平衡，存在产业梯度差，这就使得产业转移成为经济发展过程中的必然现象。国内产业转移主要发生在制造业领域，长三角、珠三角、环渤海等沿海地区是主要输出地，不同地区产业输出方向有差异。掌握产业河流方向也就把握了产业相对落后区域的未来产业发展前景，对当地经济的发展有一个更具前瞻性的认识。通过研究当地产业，我们就找到地方政府的兴奋点，是需要高地价还是产业赋能。

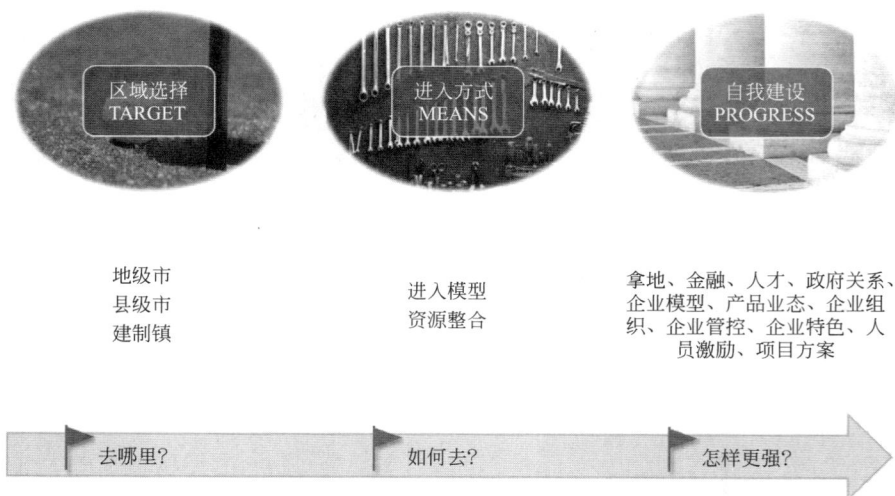

图 8-2　一城一企一策

　　解决了城市和产业问题，企业竞争和拿地策略成为房企关注重点，通过分析当地企业市场占有和不同发展模式，获得房地产企业合适的进驻方式和拿地模式。在上海我们给多家百强企业制定了拿地策略，包含首创、绿地、万科等大型房地产企业，帮助万科在 2017 年 1~7 月以 51 亿元拿地金额居上海土地市场房地产企业第二名，我们针对万科创新地提出了上海非招拍挂拿地方式拿地的六大途径：国企红利土地（国药仪电的合作）、低效工地用地（104、195）（张江项目）、非建制镇与特色小镇、城中村（华鑫乔高新村）、棕色用地（桃浦污染用地转化）、郊野公园都进行了坚决的执行和推动。3 年前种下的花，3 年后就结出了果，在上海建设用地不断收缩的情况下，存量用地的开发成为新的主战场，而上海本地国企掌握着大量的存量土地资源，通过对以上六种方式的跟踪将会对在上海拿地形成显著的帮助。简单预测上海万科未来 2 年将手握 600 亿元的总销金额，在城市更新获地方面的实践又走到了万科全国城市的前头，也走在了上海和环沪抱怨活不下去了的房地产企业前头（详见产业拿地模型）。而有些地方只关注土地的地价款多少，那就是初级城市发展模式，我们要关注的就是人均住房面积、社会零售品总额以及GDP 和住房、办公、商业之间关系。

通过以上方法论的整理我们获得了"一城一产一企一策"房企发展模型，帮助房企解决了从"去哪里"、"如何去"再到"怎样更强"三大主要核心问题，已经帮助多家房企真正地将战略落地，可以看到很多的房地产企业，在我们的协助下，已经阶段性完成、甚至超越了自己的战略目标。

附录

中央城市工作会议

中央城市工作会议于 2015 年 12 月 20~21 日在北京举行。中共中央总书记、国家主席、中央军委主席习近平，中共中央政治局常委、国务院总理李克强，中共中央政治局常委、全国人大常委会委员长张德江，中共中央政治局常委、全国政协主席俞正声，中共中央政治局常委、中央书记处书记刘云山，中共中央政治局常委、中央纪委书记王岐山，中共中央政治局常委、国务院副总理张高丽出席会议。

习近平在会上发表重要讲话，分析城市发展面临的形势，明确做好城市工作的指导思想、总体思路、重点任务。李克强在讲话中论述了当前城市工作的重点，提出了做好城市工作的具体部署，并作总结讲话。

会议指出，我国城市发展已经进入新的发展时期。改革开放以来，我国经历了世界历史上规模最大、速度最快的城镇化进程，城市发展波澜壮阔，取得了举世瞩目的成就。城市发展带动了整个经济社会发展，城市建设成为现代化建设的重要引擎。城市是我国经济、政治、文化、社会等方面活动的中心，在党和国家工作全局中具有举足轻重的地位。我们要深刻认识城市在我国经济社会发展、民生改善中的重要作用。

会议强调，当前和今后一个时期，我国城市工作的指导思想是：全面贯彻党的十八大和十八届三中、四中、五中全会精神，以邓小平理论、"三个代表"重要思想、科学发展观为指导，贯彻创新、协调、绿色、开放、共享的发展理念，坚持以人为本、科学发展、改革创新、依法治市，转变城市发展方式，完善城市治理体系，提高城市治理能力，着力解决城市病等突出问题，不断提升城市环境质量、人民生活质量、城市竞争力，建设和谐宜居、富有活力、各具特色的现代化城市，提高新型城镇化水平，走出一条中国特色城市发展道路。

会议指出，城市工作是一个系统工程。做好城市工作，要顺应城市工作新形势、改革发展新要求、人民群众新期待，坚持以人民为中心的发展思想，坚持人民城市为人民。这是我们做好城市工作的出发点和落脚点。同时，要坚持集约发展，框定总量、限定容量、盘活存量、做优增量、提高质量，立足国情，尊重自然、顺应自然、保护自然，改善城市生态环境，在统筹上下功夫，在重点上求突破，着力提高城市发展持续性、宜居性。

第一，尊重城市发展规律。城市发展是一个自然历史过程，有其自身规律。城市和经济发展两者相辅相成、相互促进。城市发展是农村人口向城市集聚、农业用地按相应规模转化为城市建设用地的过程，人口和用地要匹配，城市规模要同资源环境承载能力相适应。必须认识、尊重、顺应城市发展规律，端正城市发展指导思想，切实做好城市工作。

第二，统筹空间、规模、产业三大结构，提高城市工作全局性。要在《全国主体功能区规划》、《国家新型城镇化规划（2014-2020年）》的基础上，结合实施"一带一路"建设、京津冀协同发展、长江经济带建设等战略，明确我国城市发展空间布局、功能定位。要以城市群为主体形态，科学规划城市空间布局，实现紧凑集约、高效绿色发展。要优化提升东部城市群，在中西部地区培育发展一批城市群、区域性中心城市，促进边疆中心城市、口岸城市联动发展，让中西部地区广大群众在家门口也能分享城镇化成果。各城市要结合资源禀赋和区位优势，明确主导产业和特色产业，强化大中小城市和小城镇产业协作协同，逐步形成横向错位发展、纵向分工协作的发展格局。要加强创新合作机制建设，构建开放高效的创新资源共享网络，以协同创新牵引城市协同发展。我国城镇化必须同农业现代化同步发展，城市工作必须同"三农"工作一起推动，形成城乡发展一体化的新格局。

第三，统筹规划、建设、管理三大环节，提高城市工作的系统性。城市工作要树立系统思维，从构成城市诸多要素、结构、功能等方面入手，对事关城市发展的重大问题进行深入研究和周密部署，系统推进各方面工作。要综合考虑城市功能定位、文化特色、建设管理等多种因素来制定规划。规划编制要接地气，可邀请被规划企事业单位、建设方、管理方参与其中，还应该邀请市民共同参与。要在规划理念和方法上不断创新，增强规划科学性、指导性。要加强城市设计，提倡城市修补，加强控制性详细规划的公开性和强制性。要加强对城市的空间立体性、平面协调性、风貌整体性、文脉延续性等方面的规划和管控，留住城市特有的地域环境、文化特色、建筑风格等"基因"。规划经过批准后要严格执行，一张蓝图干到底，防止出现换一届领导、改一次规划的现象。抓城市工作，一定要抓住城市管理和服务这个重点，不断完善城市管理和服务，彻底改变粗放型管理方式，让人民群众在城市生活得更方便、更舒心、更美好。要把安全放在第一位，把住安全关、质量关，并把安全工作落实到城市工作和城市发展各个环节各个领域。

第四，统筹改革、科技、文化三大动力，提高城市发展持续性。城市发展需要依靠改革、科技、文化三轮驱动，增强城市持续发展能力。要推进规划、建设、管理、户籍等方面的改革，以主体功能区规划为基础统筹各类空间性规划，推进"多规合一"。要深化城市管理体制改革，确定管理范围、权力清单、责任主体。推进城镇化要把促进有能力在城镇稳定就业和生活的常住人口有序实现市民化作为首要任务。要加强对农业转移人口市民化的战略研究，统筹推进土地、财政、教育、就业、医疗、养老、住房保障等领域配套改革。要推进城市科技、文化等诸多领域改革，优化创新创业生态链，让创新成为城市发展的主动力，释放城市发展新动能。要加强城市管理数字化平台建设和功能整合，建设综合性城市管理数据库，发展民生服务智慧应用。要保护弘扬中华优秀传统文化，延续城市历史文脉，保护好前人留下的文化遗产。要结合自己的历史传承、区域文化、时代要求，打造自己的城市精神，对外树立形象，对内凝聚人心。

第五，统筹生产、生活、生态三大布局，提高城市发展的宜居性。城市发展要把握好生产空间、生活空间、生态空间的内在联系，实现生产空间集约高效、生活空间宜居适度、生态空间山清水秀。城市工作要把创造优良人居环境作为中心目标，努力把城市建设成为人与人、人与自然和谐共处的美丽家园。要增强城市内部布局的合理性，提升城市的通透性和微循环能力。要深化城镇住房制度改革，继续完善住房保障体系，加快城镇棚户区和危房改造，加快老旧小区改造。要强化尊重自然、传承历史、绿色低碳等理念，将环境容量和城市综合承载能力作为确定城市定位和规模的基本依据。城市建设要以自然为美，把好山好水好风光融入城市。要大力开展生态修复，让城市再现绿水青山。要控制城市开发强度，划定水体保护线、绿地系统线、基础设施建设控制线、历史文化保护线、永久基本农田和生态保护红线，防止"摊大饼"式扩张，推动形成绿色低碳的生产生活方式和城市建设运营模式。要坚持集约发展，树立"精明增长"、"紧凑城市"理念，科学划定城市开发边界，推动城市发展由外延扩张式向内涵提升式转变。城市交通、能源、供排水、供热、污水、垃圾处理等基础设施，要按照绿色循环低碳的理念进行规划建设。

第六，统筹政府、社会、市民三大主体，提高各方推动城市发展的积极性。城市发展要善于调动各方面的积极性、主动性、创造性，集聚促进城市发展正能量。要坚持协调协同，尽最大可能推动政府、社会、市民同心同向行动，使政府有形之手、市场无形之手、市民勤劳之手同向发力。政府要创新城市治理方式，特别是要注意加强城市精细化管理。要提高市民文明素质，尊重市民对城市发展决策的知情权、参与权、监督权，鼓励企业和市民通过各种方式参与城市建设、管理，真正实现城市共治共管、共建共享。

会议强调，做好城市工作，必须加强和改善党的领导。各级党委要充分认识城市工作的重要地位和作用，主要领导要亲自抓，建立健全党委统一领导、党政齐抓共管的城市工作格局。要推进城市管理机构改革，创新城市工作体制机制。要加快培养一批懂城市、会管理的干部，用科学态度、先进理念、专业知识去规划、建设、管理城市。要全面贯彻依法治国方针，依法规划、建设、治理城市，促进城市治理体系和治理能力现代化。要健全依法决策的体制机制，把公众参与、专家论证、风险评估等确定为城市重大决策的法定程序。要深入推进城市管理和执法体制改革，确保严格规范公正文明执法。

会议指出，城市是我国各类要素资源和经济社会活动最集中的地方，全面建成小康社会、加快实现现代化，必须抓好城市这个"火车头"，把握发展规律，推动以人为核心的新型城镇化，发挥这一扩大内需的最大潜力，有效化解各种"城市病"。要提升规划水平，增强城市规划的科学性和权威性，促进"多规合一"，全面开展城市设计，完善新时期建筑方针，科学谋划城市"成长坐标"。要提升建设水平，加强城市地下和地上基础设施建设，建设海绵城市，加快棚户区和危房改造，有序推进老旧住宅小区综合整治，力争到2020年基本完成现有城镇棚户区、城中村和危房改造，推进城市绿色发展，提高建筑标准和工程质量，高度重视做好建筑节能。要提升管理水平，着力打造智慧城市，以实施居住证制度为抓手推动城镇常住人口基本公共服务均等化，加强城市公共管理，全面提升市民素质。推进改革创新，为城市发展提供有力的体制机制保障。

会议号召，城市工作任务艰巨、前景光明，我们要开拓创新、扎实工作，不断开创城市发展新局面，为实现全面建成小康社会奋斗目标、实现中华民族伟大复兴的中国梦作出新的更大贡献。

中共中央政治局委员、中央书记处书记，全国人大常委会有关领导同志，国务委员，最高人民法院院长，最高人民检察院检察长，全国政协有关领导同志以及中央军委委员等出席会议。

各省、自治区、直辖市和计划单列市、新疆生产建设兵团党政主要负责同志和城市工作负责同志，中央和国家机关有关部门主要负责同志，中央管理的部分企业和金融机构负责同志，军队及武警部队有关负责同志参加会议。

附录二
2018 年房地产投资潜力城市排名 50 强

排名	城市	排名	城市
1	上海	26	大连
2	北京	27	南昌
3	深圳	28	温州
4	广州	29	石家庄
5	杭州	30	哈尔滨
6	武汉	31	贵阳
7	成都	32	惠州
8	重庆	33	太原
9	南京	34	南宁
10	天津	35	长春
11	苏州	36	海口
12	郑州	37	常州
13	西安	38	嘉兴
14	长沙	39	泉州
15	青岛	40	镇江
16	宁波	41	江门
17	合肥	42	徐州
18	佛山	43	珠海
19	福州	44	南通
20	厦门	45	台州
21	东莞	46	绍兴
22	无锡	47	金华
23	济南	48	乌鲁木齐
24	昆明	49	中山
25	沈阳	50	三亚

2018 年房地产企业销售排行榜

排名	企业名称	销售金额（亿元）
1	碧桂园	7253.1
2	万科地产	6188.5
3	中国恒大	5833.1
4	融创中国	4692.0
5	保利发展	4050.0
6	绿地集团	3860.0
7	中海地产	2617.3
8	新城控股	2204.3
9	华润置地	2106.0
10	龙湖集团	2046.8
11	世茂房地产	1751.3
12	招商蛇口	1715.6
13	华夏幸福	1713.6
14	旭辉集团	1636.2
15	金地集团	1620.0
16	阳光城	1605.8
17	绿城中国	1595.0
18	中南置地	1475.6
19	正荣集团	1450.0
20	中梁控股	1426.2
21	泰禾集团	1410.4
22	金科集团	1347.0
23	中国金茂	1292.8
24	富力地产	1284.4
25	融信集团	1206.1
26	蓝光发展	1158.9

排名	企业名称	销售金额（亿元）
27	远洋地产	1095.0
28	祥生地产	1070.6
29	雅居乐	1025.8
30	建发房产	979.6
31	首开股份	969.9
32	龙光地产	965.1
33	新力地产	943.5
34	荣盛发展	932.6
35	奥园集团	931.1
36	佳兆业	921.3
37	滨江集团	852.1
38	融侨集团	813.4
39	美的置业	798.2
40	中国铁建	784.3
41	金辉集团	748.6
42	卓越集团	748.2
43	合景泰富	718.1
44	首创置业	688.7
45	中粮集团	655.7
46	时代中国	624.3
47	中骏集团	611.5
48	华发股份	609.8
49	福晟集团	608.6
50	东原地产	608.1
51	越秀地产	596.7
52	禹洲集团	571.2
53	俊发集团	560.1
54	建业地产	533.7
55	海伦堡	520.9
56	升龙集团	515.1
57	中国中铁	514.0
58	路劲基建	503.0
59	万达集团	497.8
60	弘阳地产	495.2
61	三盛集团	486.4
62	联发集团	471.2
63	大唐地产	464.5

排名	企业名称	销售金额(亿元)
64	敏捷集团	461.8
65	复地集团	454.6
66	华宇地产	432.6
67	华鸿嘉信	429.3
68	宝龙地产	425.3
69	北大资源	424.2
70	保利置业	412.1
71	电建地产	408.2
72	正商地产	406.9
73	德信地产	403.8
74	红星地产	401.2
75	新希望地产	395.4
76	朗诗集团	381.3
77	康桥集团	378.9
78	金融街	329.8
79	协信控股	325.4
80	当代置业	315.2
81	花样年集团	308.6
82	和昌集团	306.1
83	华侨城	306.0
84	中冶置业	304.5
85	仁恒置地	296.8
86	鑫苑中国	295.0
87	绿都地产	292.6
88	领地集团	292.1
89	景瑞地产	289.4
90	海尔地产	281.0
91	实地地产	280.7
92	北辰实业	279.0
93	星河控股	274.2
94	中交地产	272.1
95	中天城投	267.9
96	大发地产	267.4
97	方圆地产	265.5
98	方直集团	265.0
99	五矿地产	264.5
100	上坤集团	260.6

排名	企业名称	销售金额(亿元)
101	正黄集团	258.8
102	深业集团	256.2
103	云星集团	248.0
104	彰泰集团	245.9
105	信达地产	240.6
106	光明地产	237.1
107	奥山集团	225.1
108	力高集团	217.0
109	星河湾	215.7
110	鸿荣源	201.9
111	上海大名城	200.2
112	大华集团	170.9
113	保集集团	169.3
114	邦泰集团	168.2
115	三盛宏业	162.3
116	合生创展	161.9
117	金隅股份	161.5
118	北京城建	156.5
119	奥克斯置业	156.2
120	厦门明发	154.1
121	新湖中宝	143.0
122	瑞安房地产	137.7
123	中洲控股	131.5
124	澳海控股	127.7
125	上海爱家集团	118.6
126	华远地产	118.0
127	和记黄埔	113.7
128	合能地产	110.3
129	恒盛地产	108.2
130	雅戈尔地产	101.8
131	浩创地产	101.6
132	东投地产	100.5
133	三巽集团	100.1
134	阳光100	99.1
135	正弘置业	91.7
136	文一地产	87.3
137	华南城	87.2

排名	企业名称	销售金额（亿元）
138	海信地产	86.7
139	亿达中国	85.7
140	苏州高新	81.0
141	荣安地产	80.4
142	香港置地	79.2
143	美好置业	75.9
144	凯德置地	75.5
145	金鹏地产集团	71.9
146	宝华集团	69.6
147	陆家嘴	69.3
148	祥源地产	69.0
149	上海证大	67.6
150	新华地产集团	67.0
151	鲁商置业	66.1
152	中皖金大地	63.9
153	新世界中国	63.3
154	上实城开	61.3
155	中华企业	60.2
156	北京住总	57.6
157	天地源	57.1
158	厦门国贸	56.8
159	蓝润集团	55.3
160	银城地产	54.5
161	象屿地产	53.0
162	荣和集团	52.5
163	京投发展	52.5
164	世纪金源	51.2
165	恒基兆业	51.1
166	南山地产	49.9
167	安徽置地	49.5
168	宏立城	48.5
169	浙江中天	48.5
170	京基集团	48.1
171	吴中地产	48.1
172	银亿股份	47.7
173	上海城投	45.0
174	苏宁环球	43.5

排名	企业名称	销售金额（亿元）
175	上置集团	41.0
176	富康实业集团	40.9
177	深振业	39.4
178	鸿通集团	39.1
179	苏宁置业	37.9
180	珠江实业	37.7
181	天房发展	37.4
182	宝能控股	36.4
183	嘉里建设	36.0
184	同济科技	34.8
185	泛海建设	34.7
186	湖北联投	34.5
187	深圳城建	33.9
188	众安房产	33.5
189	嘉华国际	33.0
190	金都集团	32.5
191	合泰地产	31.7
192	南益地产	31.6
193	世荣兆业	30.8
194	国浩中国	30.7
195	浙江中大	30.6
196	祥泰实业	30.6
197	怀德地产	30.5
198	益田集团	29.8
199	经纬地产	29.6
200	栖霞建设	29.3
201	万通地产	28.2

附录四
2018 年商业地产 100 强排名

排名	企业名称	排名	企业名称
1	万达集团	27	SOHO 中国
2	红星地产	28	茂业国际
3	华润置地	29	华侨城
4	恒隆地产	30	上实城开
5	大悦城	31	金地商置
6	万科印力	32	丰树集团
7	凯德集团	33	新世界中国
8	新鸿基	34	合生创展
9	嘉里建设	35	长实地产
10	中国金茂	36	金隅股份
11	陆家嘴集团	37	雅居乐
12	太古地产	38	恒基兆业
13	富力地产	39	中国奥园
14	龙湖地产	40	中国恒大
15	九龙仓	41	银泰集团
16	保利集团	42	深业集团
17	招商蛇口	43	碧桂园
18	绿地集团	44	金鹰国际
19	中海地产	45	世纪金源
20	新城控股	46	月星集团
21	北辰实业	47	远洋商业
22	中国国贸	48	中南商业
23	宝龙地产	49	泛海控股
24	世茂集团	50	泰禾集团
25	金融街	51	复星国际
26	瑞安房地产	52	卓越置业

排名	企业名称	排名	企业名称
53	佳源商管	77	禹洲商业
54	协信集团	78	首创钜大
55	圆融集团	79	鹏欣地产
56	越秀地产	80	花样年
57	杭州新天地	81	国瑞商业
58	丽丰控股	82	蓝光发展
59	建发股份	83	首开股份
60	南国置业	84	弘阳集团
61	中信泰富	85	南丰集团
62	星河控股	86	仁恒置地
63	五洲国际	87	苏宁置业
64	合景泰富	88	步步高置业
65	阳光100	89	阳光新业
66	旭辉集团	90	时代商业
67	正荣商业	91	鲁能集团
68	华南城	92	莱蒙国际
69	京基集团	93	SM中国
70	卓尔集团	94	明发集团
71	佳兆业	95	东方世贸
72	国购集团	96	英利国际
73	锦艺集团	97	绿城中国
74	卓展集团	98	证大集团
75	路劲地产	99	中骏置业
76	金科集团	100	鸿荣源

2018 年产业运营商综合实力 50 强

排名	企业名称	排名	企业名称
1	华夏幸福	26	星洲股份
2	张江高科	27	中新集团
3	上海临港	28	百富东方
4	联东集团	29	星桥腾飞
5	招商蛇口	30	中德联合集团
6	普洛斯	31	浦东软件园
7	亿达中国	32	荣盛发展
8	深圳湾科技	33	苏高新
9	中业慧谷	34	清控科创
10	上海外高桥	35	深圳科技工业园
11	天安数码城	36	深圳投控
12	宏泰发展	37	华南城控股
13	中电光谷	38	北科建
14	启迪协信	39	中集产城
15	上海金桥	40	市北高新
16	宝湾物流	41	平安不动产
17	中关村发展	42	炎黄科技园
18	华鑫置业	43	合肥高新股份
19	广东林安	44	时代中国
20	隆基泰和	45	星河产业集团
21	中节能实业	46	北京经开
22	星月投资	47	中粮地产
23	电子城	48	浙大网新
24	东湖高新	49	鸿坤集团
25	传化集团	50	深圳国际控股

2018 年产城融合综合实力 100 强

排名	企业名称	排名	企业名称
1	华夏幸福	27	蓝城中国
2	招商蛇口	28	复星集团
3	碧桂园	29	绿城中国
4	中国恒大	30	中南置地
5	万科集团	31	佳兆业
6	绿地集团	32	奥园地产
7	首创置业	33	金融街
8	蓝城集团	34	当代置业
9	华侨城	35	苏宁置业
10	海尔地产	36	五矿建设
11	保利发展	37	星河控股
12	华润置地	38	上海大名城
13	中国金茂	39	中锐地产
14	时代中国	40	中国中铁
15	卓越集团	41	鲁商置业
16	光明地产	42	海信地产
17	鑫苑中国	43	益田集团
18	三盛宏业	44	莱英达
19	保集集团	45	建业地产
20	陆家嘴	46	融创中国
21	远洋地产	47	中粮集团
22	蓝光发展	48	卓尔文旅
23	美的置业	49	首开股份
24	复地集团	50	华发股份
25	协信控股	51	金地集团
26	五矿地产	52	合生创展

排名	企业名称	排名	企业名称
53	奥宸地产	77	新华联地产
54	阳光城	78	雅居乐
55	金科集团	79	融侨集团
56	路劲基建	80	保利置业
57	宝能控股	81	众安房产
58	滨江集团	82	正源地产
59	康桥地产	83	金都集团
60	广宇集团	84	荣和集团
61	龙湖集团	85	银城地产
62	旭辉集团	86	合景泰富
63	万达集团	87	禹洲集团
64	富力地产	88	鸿荣源
65	祥生地产	89	荣安地产
66	联发集团	90	祥泰实业
67	仁恒置地	91	越秀地产
68	金隅股份	92	福晟集团
69	泰禾集团	93	瑞安房地产
70	和昌集团	94	邦泰集团
71	莱蒙国际	95	华联控股
72	富龙控股	96	中骏集团
73	中梁地产	97	中天金融
74	国瑞置业	98	海伦堡
75	荔园地产	99	海亮地产
76	深特发	100	北京住总

2018 年房地产企业金融稳定指数排名

等级	公司名称	总计
钻石级	中国海外发展、万科 A、华润置地、陆家嘴、招商蛇口、龙湖地产、金地集团、保利地产、中国铁建、中国中铁、华侨城、广宇发展、龙光地产、建发股份、上海建工、中国中冶、滨江集团	17
优质级	碧桂园、新城控股、远洋集团、中华企业、苏宁环球、金融街、嘉华国际、南山控股、旭辉控股集团、世茂房地产、蓝光发展、海航基础、深圳控股、北辰实业、苏州高新、雅居乐集团、荣盛发展、北京城建、顺发恒业、力高集团、五矿地产、中粮地产、富力地产、华夏幸福、金隅集团、冠城大通、迪马股份、时代中国控股、上实城市开发、华远地产、葛洲坝、新湖中宝、金科股份、佳源国际控股、粤泰股份、路劲、中国金茂、中国恒大	38
一般级	正荣地产、合生创展集团、绿地控股、越秀地产、首开股份、阳光城、禹洲地产、光明地产、融创中国、中交地产、瑞安房地产、绿城中国、中洲控股、中天金融、中骏置业、中国电建、众安房产、大名城、福星股份、华发股份、佳兆业集团、雅戈尔、中航善达、中南建设、京投发展、首创置业、朗诗绿色集团、合景泰富、信达地产、宝龙地产、银亿股份、天房发展、泰禾集团	33
谨慎级	景瑞控股、融信中国、花样年控股、中国奥园、亿达中国、国瑞置业、新华联、阳光 100 中国、建业地产、当代置业、北大资源、云南城投	12